日本发动侵华战争始末

魏纪奎　周启立　贠凌婧　高宇婷　朱　虹　著

四川文艺出版社

图书在版编目（CIP）数据

罪之源：日本发动侵华战争始末 / 魏纪奎等著. -- 成都：四川文艺出版社，2018.2
ISBN 978-7-5411-4869-9

Ⅰ.①罪… Ⅱ.①魏… Ⅲ.①侵华战争—史料—日本 Ⅳ.①K265.06

中国版本图书馆CIP数据核字（2018）第005740号

ZUIZHIYUAN
罪之源
RIBENFADONGQINHUAZHANZHENGSHIMO
日本发动侵华战争始末

魏纪奎　周启立　贠凌婧　高宇婷　朱　虹　著

策划组稿	林小云
责任编辑	周　轶
封面设计	经典记忆
内文设计	史小燕
责任校对	蓝　海
责任印制	唐　茵

出版发行	四川文艺出版社（成都市槐树街2号）
网　　址	www.scwys.com
电　　话	028-86259287（发行部）　028-86259303（编辑部）
传　　真	028-86259306

邮购地址	成都市槐树街2号四川文艺出版社邮购部　610031
排　　版	四川经典记忆文化传播公司
印　　刷	四川机投印务有限公司
成品尺寸	169mm×239mm　1/16
印　　张	9　　　　　　　字　数　120千
版　　次	2018年3月第一版　印　次　2018年3月第一次印刷
书　　号	ISBN 978-7-5411-4869-9
定　　价	38.00元

版权所有·侵权必究。如有质量问题，请与出版社联系更换。028-86259301

目录

第一集　欲望之始　/001

19世纪50年代的日本，面临着与邻国中国相似的命运。伴随着西方列强的入侵，日本正处在沦为列强殖民地或半殖民地的危机边缘。危亡之际，日本变法改革的元老们登上了历史舞台。随着国力渐强，日本政府开始大肆扩军备战。1894年爆发的甲午战争和1905年日俄战争的胜利，在把日本推向国运顶峰的同时，也同时让这个原本彬彬有礼的国度，开始在战争之路上狂奔不止。

第二集　嗜血轨迹　/025

摄制组分赴日本、美国、英国、德国以及中国大陆多地寻访拍摄，揭秘罕见档案及影像资料。通过对一篇篇尘封已久的历史档案的详尽解读，对一位位历史人物命运的深入剖析，首次从日本历史角度客观解读"日本发动侵华战争"前后错综复杂的历史背景，详尽分析那段给中日两国甚至全世界都带来灾难的历史起因。

目录

第三集　恶欲膨胀　/ 053

从日本视角出发,以震惊中外的九一八事变为线索,从基于武士阶层建立起的明治政权展开,深入剖析日本先天所具有的"军国主义基因"的发展脉络。以日本不同时期的政界、军界要人为纽带,从政治、军事、经济等多个方面,详细阐述日本侵华前夕的台前幕后,分析日本如何从一个貌似彬彬有礼的国家,逐渐走上了一条嗜血的不归路。

第四集　暗夜来临　/ 081

1928年6月4日的夜晚,日本关东军奉天独立守备队队长东宫铁男紧张不安地守在距离三洞桥不远的一个瞭望台上。随着一声巨响,预先埋设在三洞桥下的烈性炸药,将张作霖乘坐的专车炸毁,张作霖被炸弹气浪抛出10米远,咽喉破裂。刺杀张作霖的"皇姑屯事件"瞬间发生了。而在中国实施谋杀事件的人,在日本却被民众奉为英雄,没有受到任何法律制裁。

第五集　不归之路　/ 111

1931年9月18日深夜的一声炸响,战火缭乱中华,由此吹响了华夏儿女血肉凝聚的冲锋号,开启了东瀛百年阴谋破碎的倒计时。《军事纪实》团队从日本挖掘到了大量鲜为人知的史料和历史细节,包括远赴美国、欧洲等地,从全球档案库和世界顶级历史学家那里寻找蛛丝马迹,力求从全球视野和人类的战争观,为观众深度剖析日本军国主义的原罪。

第一集 欲望之始

19世纪50年代的日本,面临着与邻国中国相似的命运。伴随着西方列强的入侵,日本正处在沦为列强殖民地或半殖民地的危机边缘。危亡之际,日本变法改革的元老们登上了历史舞台。随着国力渐强,日本政府开始大肆扩军备战。1894年爆发的甲午战争和1905年日俄战争的胜利,在把日本推向国运顶峰的同时,也同时让这个原本彬彬有礼的国度,开始在战争之路上狂奔不止。

第一集 | 欲望之始

侵华战争时期,日本国内的小女孩

这是一张天真无邪的脸庞,拍摄于日本侵华战争时期,这样一张平静面容的背后,隐藏的却是不知在外打仗的亲人何时归来的惆怅。

高桥哲郎　原日军侵华老兵

当时在日本,以天皇为中心的思想盛行,日本人认为日本的大和民族是最优秀的民族。实际上大家都不想参军,但大家表面上都不敢说,教育我们要为了国家、为了天皇上战场。

村冈久平　日中友好协会原理事长

日本对外国进行了侵略，也侵略了中国。人民流离失所。到处都响起了军队侵略的号角。虽然对于日本是"胜利了、胜利了"，但是对方却是失去亲人、背井离乡，真的非常可怜。

村山富市　日本前首相

到了战争后期，不光是战场上，国内也是到处遭到美军轰炸袭击，国内也都成了战场。全体国民都成了战争的牺牲品。

是什么导致了这一切的发生？一个看似柔美而彬彬有礼的国度，为什么具有"大和民族优秀论"、"武力乃立国之基础"等畸形的民族文化观念？这些观念和人性扭曲的武士道精神又怎样支撑日本走上狂热的战争之路？为了探寻战争的真相，我们踏上这片既熟悉又陌生的土地，试图揭开那段给中日两国甚至世界都带来灾难的历史起因。

村山富市　日本前首相

在广岛那里写着"再也不能重复这样的错误"，那是全体国民的想法，再不可重复这样错误的战争。有这样的想法，有和平宪法，今后不管有什么事，都不可进行战争，这是日本向全世界发誓，70年间一直没有变，这是全体国民的意愿。

人类发展历史无数次证明，邪恶的侵略扩张之路，终将给国家和人民带来毁灭。然而，"二战"结束70年来，为历史翻案，否定、歪曲甚至美化侵略，企图挑战以联合国为核心制定的战后和平国际秩序，一些日本右翼分子可谓动作频频。那么，维护世界反法西斯战争胜利成果，找到日本军国主义的罪恶源头和发展脉络，将对世人有着十分重要的警醒作用。

第一集 | 欲望之始

日本皇居外苑

日本　皇居外苑

从这处叫二重桥的地方向里面望去，便是日本皇宫。二重桥外，是日本天皇居所外的一片广场，至今已有百年历史。然而，或许很多人并不知道，百年前，这个广场的扩建，竟是为了纪念一场在中国的土地上进行的战争的胜利。

这段拍自1905年的纪录片，记录下了那次战争结束后，日本军队凯旋的场景，从士兵们昂首阔步的神情以及百姓的欢呼中，我们可以真切感受到日本人民那种因战争投机而带来的盲目狂热。

姜克实　日本冈山大学教授

从国际上来讲，它（日本从那时起）可以说是成为列强的实质上的一员。的确就是和英、美、法、俄这些国家能平起平坐了。

小林英夫　日本早稻田大学教授

更极端的是"日本是神的国家，无论什么战争都能打胜"这样毫无根据的信念作为常识开始固定在了日本国民的脑子里，非常可怕。

大连　旅顺　东鸡冠山日俄战争遗址

位于旅顺的东鸡冠山，是日俄战争中，沙皇俄国在旅顺修建的最坚固的一处堡垒，也是日俄战争期间最重要的战场之一。为了抢夺各自在中国东北的利益，日本和沙皇俄国在中国的土地上进行了惨烈的战争。战争之初，很少有人相信，人口只有四千多万的岛国日本会战胜人口比它多三倍以上、军事力量比它强大数十倍的沙皇俄国。

1904年，在东鸡冠山北堡垒，爆发了日俄战争中最为激烈的一场战役。最终，俄军陆防总司令康特拉琴科被日军重炮炸死在堡垒指挥部。日本以战争胜利者的身份向世界宣告，它已不再是任人宰割的"羔羊"，它已瞬间崛起为能与西方抗衡的东方强国。

日俄战争遗址东鸡冠山北堡垒

日俄战争遗址

日本能走到这样的地步，和一位至今在近代东亚各国历史中都无法回避的人物紧密相关，他就是曾四次担任日本首相的伊藤博文。随着日本举国欢庆战胜沙皇俄国的继续，以国家元老身份亲自指导日军与俄国作战的伊藤博文不会料到，此刻他的命运正发生着急剧的改变。纪念仪式背后，正暗藏着一股将他推向死亡的力量，而这股力量也同时牵引着日本，走向樱花般飘落的命运。

日本 横须贺市

位于北纬35°18′，东经139°40′的横须贺市扼守东京湾入口，这里驻扎着日本海上自卫队和美国海军第七舰队的各式舰艇，也是美国在亚洲最大的海军基地。这个看似平静的海港，不仅有美国强大的海上军事力量，也见证着日本对美国爱恨交加的复杂感情。

1853年，美国准将马修·佩里率领的舰队靠武力敲开了闭关锁国的日本大门。鉴于昔日的老师——中国在1840年开始的鸦片战争中的惨败和自身实力的弱小，日本政府很快放弃了对美国舰队的抵抗。然

日本横须贺市美军军港内的各式舰艇

而，紧随而来的便是与西方列强签订不平等条约，仅仅半年，日本就流失了三年的财政收入，经济陷入崩溃。

姜克实　日本冈山大学教授

黑船就是敲它（日本）的门，（日本）开始知道了有一个强大的西洋在威胁着我。如果要是再跟中国一样，再追求华夷治序的话，日本就会和中国一样，走向半殖民地的这么一个道路。

面对内外交困的危局，新成立的明治政府决心变法求生。可是岛国日本的生存之路该怎么走呢？就在日本陷入迷茫之际，早年在英国留过洋、担任过日本外国事务局交涉员的伊藤博文等人向政府提出了建议。

伊藤之雄　日本京都大学教授
伊藤博文等认为攘夷不可能实现。打开国门,近代化,才不至于成为殖民地。

于是,在伊藤博文的提议下,日本政府的决策层们向着西方出发了。1871年11月12日,几十位日本高官满怀期待与不安,登上了一条航船,当时年仅30岁的伊藤博文就在这条船上。

在闻名世界的日本名画《富岳三十六景》的第一张中,画中的海浪远远地压过了富士山,两条漂浮的木船在巨浪中艰难求生。这是日本由于地震等自然灾难频发而生存环境险恶的真实写照。当时伊藤博文他们的心境正如这幅画所描绘,这次远航,他们就是要为内忧外患的日本,找到一条风浪中的前行之路。

《富岳三十六景》第一张

姜克实　日本冈山大学教授

第一个任务，要递交国书。第二个任务就是要修改不平等条约，就是我们虽然有这个条约，但是我们条约不平等，我们希望改成平等的。第三个任务，我再到海外看看去，海外到底是什么样的。

然而，事情并非像他们想得那样简单。美国是伊藤博文等人此行的第一站。虽然当时美国首都华盛顿的人口只有11万，但不论是白宫还是国会大厦，与今天的华盛顿景象并无太大区别。在美国的这个政治心脏，尽管美国人盛情款待了他们，但是一谈到协商修改不平等条约，美国人就闭口不提谈判的事情了。

姜克实　日本冈山大学教授

一说我要改正不平等条约，完全被外国人拒绝了，"你这种国家没有实力，现在你不是改条约的时候。"

英国　伦敦

这里是距离日本9600公里的英国伦敦，如今，古老的建筑还留存着百年前"日不落帝国"曾经的辉煌。1872年，当伊藤博文他们的"环球之旅"访问团到达这里的时候，这个当时的"世界王者"便给了日本一个"下马威"。由于日本的高官访问团之前在美国耽误了行程，当到达英国时已经错过了约定访问日期。英国便以日本不尊重别国为由，向他们提出强烈抗议。

姜克实　日本冈山大学教授

它就发现走到哪儿，到哪儿都碰钉子以后，它最重要的目的要修条约它办不到了。这样，它感到的是什么呢？就是修改不成条约是我们国家太软弱了，这样它就意识到要富国强兵。

伊藤博文和一些日本高官们也目睹了西方工业社会的发展状况。这一切让日本人感到进入了另一个世界。远远落后的日本，究竟如何才能找到自己的生存法则呢？就在同一时刻，另外一个影响近代日本走向的军人出现了。

日本　山口县萩市

这里是日本山口县萩市，在城市中间的广场上，有一位骑着高头大马的军人塑像，他就是号称"日本近代陆军之父"的山县有朋。

绞缬厚　日本山口大学副校长

山县有朋在明治政权时期是和伊藤博文齐名的两大巨头之一。伊藤博文是脱了军装，穿着西服，但是与之相反，山县有朋在公众面前

日本山口县萩市山县有朋塑像

却是穿军装,或者是日式的袴,也就是和式正装,从来不会穿西装。他实际上曾经是一名拿着枪以图报国的下层武士。

就在伊藤博文进行"环球之旅"的同时,在明治政府的推动下,日本国内的近代化军事改革正进行得如火如荼。这种军事改革的核心就是奉行军事至上,对内实行军事独裁统治,向国民灌输黩武思想,对外大肆扩军备战,谋求世界霸权。1871年时任兵部大辅的山县有朋开始进入到这场改革的前沿,并逐步成为打造日本新式陆军的关键人物。在他的手中,即将诞生一支给亚洲其他国家,甚至是全世界都带来灾难的所谓"日本皇军"。

绞缬厚　日本山口大学副校长
他曾经掌握了元帅、大将、内阁总理大臣以及参谋总长等所有实权,但是他认为自己的出身是一介武弁,也就是一个武士,他经常在口中重复着这样的自我认知。

早在伊藤博文他们进行"环球之旅"之前,1870年,山县有朋就已经完成了出访欧美考察军事的行程。面对欧美列强利用坚船利炮征服世界的生动教材,他认为一个国家要想生存和强盛,就必须要"不顾一切代价地发展军事力量",而这种思想也正是当时的明治政府所迫切需要的。

绞缬厚　日本山口大学副校长
山县有朋的这种思想正是众多军人、当权者共同认同的思想。所以在某种意义上讲,山县有朋是代表了日本当权者,是具有标志性意义的人物。

1872年，在山县有朋的主张下，日本持续了几百年的武士兵役制度宣告结束，士兵不再由武士担当，而改在普通百姓中广泛招募，由此，日本军队规模迅速扩大。这时的山县有朋已经确立了要打造出一支像西方列强那样的恶狼之师的目标。

日本　东京椿山庄

和歌是日本的一种诗歌。与中国的诗歌类似，最初也用于吟唱，因此便产生了和歌。和歌柔美的旋律似乎与山县有朋凶残的军人形象并不相称，但正是这位自称"武弁"的所谓日本"陆军之父"，创作了大量描写古代战争的和歌。他的诗歌和文章被整理成了诗集《椿山集》。

"侍奉吾皇，尽心竭力；身先士卒，死而后已。"从这些文字里能够感受到，山县有朋和歌里歌颂的大多是军人要有"武士魂"，即便赴死也必须遵从命令的所谓"忠义精神"。

纹缬厚　日本山口大学副校长

所谓尽忠，天皇本身就是军人，是大元帅，因此，作为军人的使命，即便赴死也必须达成。这其实就是一介武弁的盲目迷信。

虽然废除了武士当兵，但山县有朋却要为他的新式军人们保留武士的灵魂。公元8世纪后半叶起，日本以征战杀戮为职业的武士阶级不断发展，于11世纪开始登上政治舞台，随后成立武家政权，整整统治日本近700年。武家政权贪婪成性，著名的丰臣秀吉时代就提出了征服朝鲜、占领中国、称霸东南亚及印度的"大日本帝国"构想。随后，武士阶级逐步梳理出一整套主要倡导武士要绝对忠君、勇拼杀、重诺言、轻生命等封建道德规范，统称为"武士道"。

日本　东京泉岳寺

位于日本东京的泉岳寺，至今仍然保留了日本著名的"四十七死士"的墓地。《四十七死士之夜袭》是在日本广为流传的故事，故事讲述了47名武士为了给受侮辱的君主报仇，不畏强权，夜袭宿敌。然而在这扣人心弦的一幕之后，却是为君主成功复仇的武士们，在君主墓前集体自杀的结局。这就是"武士道"中那种为君主可以不顾一切，甚至以残害自我为最高荣誉的精神荼毒。而这样的精神灌输，也在日本今后的对外侵略战争中产生了更为恐怖的影响。

同期

日本军官宣读天皇诏书：天皇表彰神风特工队勇气可嘉，出色地完成了任务，他们为国奉献即将奔赴战场，要将这些消息传达给他们的家人。

笠原十九司　日本都留文科大学教授

驾驶战斗机的年轻飞行员们被灌输了相同的思想，让他们深信不疑死亡就等于保卫日本，死后成为神被供奉于靖国神社，会得到国民以及后世的国民的感谢。很多年轻人被打上了这种思想的烙印。

日本　东京靖国神社

在日本东京的靖国神社，至今仍保留着一年一度的御魂祭活动。当夜幕降临，三万多个纸灯笼点亮之时，靖国神社阴森诡异的气氛越来越浓。这里供奉着日本历次战争中死亡的240万名军人，其中有"二战"中臭名昭著的14名甲级战犯。为天皇而战的日本军人死后被安葬在这里。

第一集 | 欲望之始

日本东京靖国神社

冲松信夫　原日军侵华老兵

靖国神社是祭奠阵亡战士的神社，欺骗我们死后可以到那里相见。欺骗士兵在那里能够体会到一种满足感。

笠原十九司　日本都留文科大学教授

日本在发动战争时，当然在战争中肯定会有死亡的士兵，（靖国神社就是）为了掩饰这种死亡。也就是说为了制造在战争中敢于死亡的士兵、为了令士兵安心地去送死而想出来的一种精神控制法，与宗教有些类似。用宗教的手法令士兵们深信不疑。

为了达到强化武士道精神的目的，山县有朋还推动建立了日本陆军幼年学校和士官学校，并主要从武士阶级的后代中招生，从小就让他们经受各种残酷训练，以此培养幼年时代的血液里就流淌着"武士

015

日本东京靖国神社举行的每年一度的御魂祭活动

道"精神的日军军官人才。

后来策划九一八事变的主谋者石原莞尔、坂垣征四郎以及臭名昭著的头号战犯东条英机等都是从这些学校里被培养起来、并最终走向侵略战场。

在山县有朋的精心操持下，在军国主义色彩浓重的土壤中，一支为天皇而战的所谓"日本皇军"以及培养体系终于在19世纪末成熟了。

日本　横滨港

就在日本为打造一支凶残军队而展开的计划进行得如火如荼的同时，1872年，伊藤博文他们那次决定着日本近代侵略历史命运的"环球之旅"，也终于在迷茫与自卑中，为日本的内政外交找到了所谓的方向。

当日本访问团到达德国的时候，招待他们的铁血首相俾斯麦，讲了一番对伊藤博文等日本高官启发很大的话："如今世界各国，虽然都说要以礼仪相交，但那毕竟是表面文章，背地里实际上是以大欺小，以强凌弱。"

德国首相的这番强权理论，让日本高官感同身受。同时，德国通过强兵和集权等政策迅速崛起的发展模式，也正是日本所迫切追寻的国家发展道路。这些，都为日本今后的覆灭埋下了火种。

姜克实　日本冈山大学教授

因为这两个国家有一个比较共同的倾向就是它民主化的程度低，皇族的势力大。第二来说比较容易有产生独裁的土壤，从这点来说是比较接近的。

在此之前，邻邦中国一直是日本学习的榜样。今天的日本，无论是建筑风格还是文化习俗，仍然保留了许多唐朝的遗迹。唐朝鼎盛时期，日本更是有过一次派遣651人使节团来中国学习的历史。然而，风云变幻，随着人类逐渐步入19世纪末期，几千年来一直善于向强者学习的日本人，终于有了新的老师，日本的近代化目标紧紧盯住的是西方列强。

日本　横须贺市

同期

书店店主：从图片上看，这就是马修·佩里。他手里拿着一个汉堡，就是这种感觉。

在位于日本神奈川县东部的横须贺军港，至今仍然随处可见这样的宣传海报，图片中一位表情严肃的美国将军拿着汉堡，而这个人正是1853年用

马修·佩里

日本横须贺市美军驻扎的军港

坚船利炮逼迫日本人打开国门的美国人马修·佩里。在日本，佩里并不单纯是一个侵略者的形象，反而成为帮助日本打开国门的英雄。正如美国学者鲁思·本尼迪克特在著名著作《菊与刀》中所阐述的那样，日本人一边欣赏恬淡静美的菊花，一边崇拜凶狠决绝的军刀，以此揭示日本人的矛盾性格以及文化上的双重性。

小林英夫　日本早稻田大学教授
　　日本当时对亚洲人民的看法在不经意间悄悄发生了变化，在不断西化的过程中，日本逐渐想脱亚入欧，看不起亚洲，这种想法不知不觉间不仅在一般民众间，还渗透到了政府领导者的想法中，这是很令人汗颜的事。

　　在整个日本国家的命运之旅中，伊藤博文因为精于权术，逐步进入了政治权力的塔尖，一项更为重大的赌博正在等待着他。

1889年2月11日，东京降下漫天大雪。受天皇之命，伊藤博文经过8年的努力，终于制定并颁布了《大日本帝国宪法》，日本也由此成为第一个拥有成文宪法的亚洲国家，日本帝国时代的大门，正式被推开。

姜克实　日本冈山大学教授
《大日本帝国宪法》是主权在君，第一条规定天皇总揽大权。在这个宪法下就规定了统率权。也就是说天皇是所有军队的最高指挥官，这样来说他不通过议会，就可以直接指挥军队，这就是日本所谓的天皇的军队的一个来源。

这种不受任何约束的天皇制，成为近代日本维护军国主义制度的根本保证。这同样意味着，作为近代日本的天皇，具有发动战争的最后决定权。而一旦侵略战争发生，天皇成为实际上的战争元凶。

姜克实　日本冈山大学教授
军队不是国家的军队是天皇本人的军队，你天皇不是国家你就是一个人，等于是所谓的假神，假神把这个国家军队都控制的时候，国家就可怕了。

就这样，在亚洲第一部成文宪法的保障下，日本的崛起更加迅速和充满危险。接下来10年间发生的两场战争，把日本推向命运顶峰的同时，也将把日本引向一条危险的不归路。

日本　东京外交史料馆
这里是日本东京外交史料馆，在几位外务省资料管理人员的陪同下，我们拍摄到了《马关条约》日文版原件。它对于中国来说，是一段屈辱的历史记忆,而对于日本来说,则是百年前日本迅速崛起后,第一次展示自身实力的明证。

绞缬厚　日本山口大学副校长
日本一直以来都是个小国,却战胜了大清国。这使得很多日本国民心中产生了帝国意识,也就是说日本可以凌驾于大清国之上,可以成为一个大国。甲午战争的胜利,可以说是这些转变的契机。

1895年,在位于今天日本本州岛西部山口县下关港这个叫春帆楼的日本料理馆里,大清国的特使李鸿章在日本首相伊藤博文的胁迫下,签下了让日本人为之兴奋不已的《马关条约》。

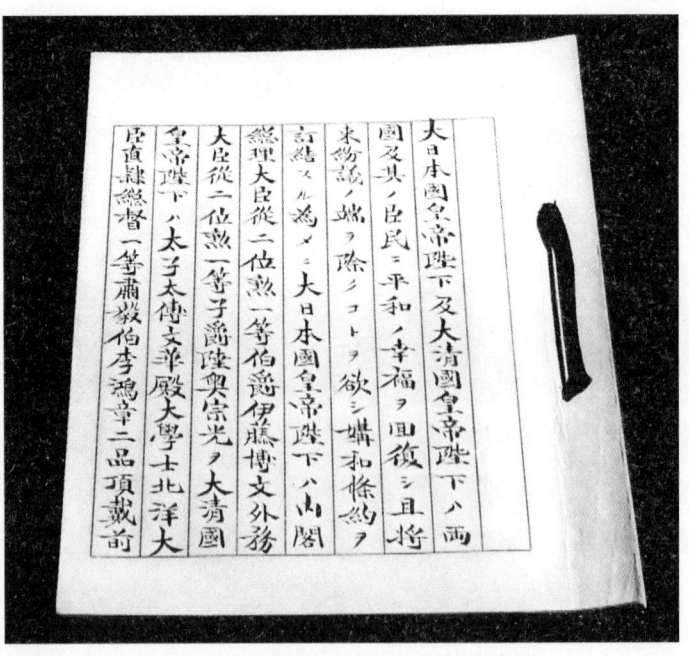

日本外交史料馆里收藏的《马关条约》日文版原件

《马关条约》签署地春帆楼遗址

如今,我们可以从这份《马关条约》日文版原件中清楚地看到,日本当时不仅如愿得到了朝鲜的控制权,获得了相当于日本三年财政收入的两亿两白银的所谓"战争赔款",更重要的是它终于像它的西方老师一样,开始对台湾岛、澎湖列岛以及辽东半岛等地进行殖民统治。而伊藤博文就是这一切的始作俑者。

绞缬厚　日本山口大学副校长

以伊藤博文为中心的明治政府当权者们,对将朝鲜半岛变为日本领土的欲望膨胀。他们认为,日本想要发展成为大国,那么就要获得朝鲜半岛,进而将朝鲜半岛作为落脚点,向中国大陆推进。

面对战争的速胜和战后获得的巨大利益，日本政界要人的心态开始迅速发生改变。伊藤博文在中日甲午战争中，亲手为日本开启的靠战争求得利益的欲望之门，已经无法关闭。那时的他似乎还没有明白，潘多拉的盒子一旦被打开，贪婪就会永无止境。

村冈久平　日中友好协会原理事长

从明治时代以来，日本就处于膨胀的状态。所以占领了台湾、东北地区，这是日本的帝国雄心为侵略选定的第一幅地图。接着更加欲望高涨，侵略伸向东南亚、南海地区，要进行大东亚战争。

就在中日《马关条约》签订后不久，一心扩充远东势力的俄国，逼迫日本将刚刚到手的辽东半岛归还中国，随后俄国把横跨亚欧的铁路经过辽东半岛一直修到了朝鲜附近。为了保住已经到手的朝鲜，1904年，日本向驻扎在中国东北的俄国军队突然发动了偷袭战。历经19个月的战争，日本以死亡十多万士兵和巨额的贷款为代价，"豪赌"般地战胜了俄国。

《马关条约》签署地春帆楼遗址

日本　皇居外苑

日本国内庆祝日俄战争胜利的欢庆气氛还未彻底消散，为了给日本争取更多的战后利益，1909年10月，伊藤博文到中国东北与俄国财政总长谈判，当他乘坐花车在10月26日9时抵达哈尔滨车站时，被朝鲜爱国志士安重根刺杀身亡。

属于伊藤博文的时代结束了，30多年间，被称为日本"明治宪法之父"的伊藤博文和他的同伴们为日本带来了崛起奇迹，将日本带上了东亚头号强国的地位，使日本成为一个不折不扣的军事封建帝国主义国家。

姜克实　日本冈山大学教授

（日本）第一个拿到了朝鲜，而且朝鲜和中国的东北领土是接壤的，所以日本就一直把它自己的下一步的路（瞄准了中国），尤其是军部看到了满蒙。

绞缬厚　日本山口大学副校长

日本的军部势力和当权势力实现一体化，计划先夺取中国。然后再往南部扩张。所以日本是既要得到北方，又要得到南方，甚至整个中国大陆整体都要收入囊中，日本心怀这样非常强大的领土野心。

日俄战争胜利后，日本人得到了从长春到大连旅顺的铁路及其一切附属权益。日本人把俄国人修筑的这条铁路，称之为"南满铁路"。正是在这条铁路上，发生了日后震惊世界的九一八事变。

村山富市　日本前首相

日本是向全世界不断地扩张，日本认为中国东北是日本的生命线。使中国东北独立后好以此为基础，使日本能够扩大战线，创造这个契机的正是九一八事变。

此时,朝鲜、中国大连旅顺、中国台湾,如同一条岛链,将中国大陆死死围绕在内。在占领了这些地方之后,日本人将贪婪的目光投向了中国东北,对外扩张的欲望之火开始熊熊燃烧。而这一切,都源于《大日本帝国宪法》的主导者伊藤博文和日本新式军队的缔造者山县有朋他们为国家积累的军国主义思想,以及日本迅速崛起后,被开启的欲望之门。

嗜血轨迹

第二集

摄制组分赴日本、美国、英国、德国以及中国大陆多地寻访拍摄，揭秘罕见档案及影像资料。通过对一篇篇尘封已久的历史档案的详尽解读，对一位位历史人物命运的深入剖析，首次从日本历史角度客观解读"日本发动侵华战争"前后错综复杂的历史背景，详尽分析那段给中日两国甚至全世界都带来灾难的历史起因。

东京涩谷街头

夏日的夜晚,日本东京涩谷的人潮丝毫没有随着夜幕的降临而减少,地铁旁,一群年轻人正在进行说唱表演,原本就热闹的街头顿时显得更加动感时尚。

与此同时,在中国大连站前广场上,人们正在进行一种颇具中国特色的运动——广场舞。日本东京与中国大连,这两个风格迥异,相距1665公里的城市,在中日两国的近代史中有着万千勾连。

中国　大连

在大连中山广场周围散落着样式各异的欧式建筑，随着时间的流逝，这些极具异域风情的建筑已经渐渐与现代化的大连融为一体。然而，这些各具功能的建筑背后，却隐藏着一家由日本明治天皇亲自批准成立、以中国地名命名的铁道公司的惊天罪恶。

中国　北京

如今，当我们翻开中国东北的地图，就会发现一个奇特的现象，在东北三省近百万平方公里的辽阔土地上，主要的大中型城市竟然都集中分布在一条呈"T"字形的铁路线上。这条铁路的干线西起满洲里，东至绥芬河，支线则从哈尔滨向南，经长春、沈阳直达旅顺口，这条全长将近3000公里的铁路，就是俄国自1897年就开始修建的中东铁路。

1895年，中日甲午战争以大清国惨败收场，爪牙初露的日本第一次尝到了对外侵略的甜头。贪婪的日本并不仅仅满足于手中的既得利益，而是死死盯住了中国东北这一整头牛。而沙皇俄国同样瞄准了中国东北这片既有地理优势，又极为肥沃的土地。

萨苏　日本研究学者

日方对于辽东半岛，特别是旅顺这个重要的不冻港特别重视，在甲午战争结束的时候，本来《马关条约》中国曾经迫不得已要把辽东半岛割让给日本，但这个时候以俄罗斯为首发动三国干涉还辽。

利用中日甲午战争的乱局，沙皇俄国趁机攫取了在中国东北修筑中东铁路的特权。其最终目的就是想全面控制中国东北地区，掠夺当地的资源。而日本对于辽东半岛的觊觎并没有因此而消减，这只饿狼时刻在等待着出击的时机。

王铁军　辽宁大学日本研究所教授

换句话说，到嘴里面的东西不得不吐出去，它（日本）也是怀恨在心。

1904年爆发的日俄战争彻底击碎了沙皇俄国独霸中国东北的美梦。随着在中国东北大地上长达19个月绞肉机般的争夺，疲惫不堪的日俄两国最终决定以谈判的形式瓜分各自在中国东北的利益。

美国　朴次茅斯

朴次茅斯是美国新罕布什尔州一座滨海小城，这里不仅是度假胜地，也是当今美国海军生产核潜艇的重地。110年前，在美国总统的邀请下，这个安静的港口迎来了日俄两国的谈判代表，从而展开了一场持续将近一个月、火药味十足的博弈。

王铁军　辽宁大学日本研究所教授

为什么日本要找美国去调停？当时美国提倡就叫（中国）门户开放，不希望别人去破坏（俄国独享），日本和俄国通过武力迫使（中国）东北开放了，那好，这个开放（各国机会）就是均等的，不能谁专有。日本同意了（美国提议），好，（于是美国）就支持日本。

一张拍摄于1905年9月5日美国朴次茅斯海军造船厂大厦的照片向我们展现了日俄两国代表签订《朴次茅斯和约》时的情景。在这次谈判中，由于在之前的日俄战争中占了上风，日本迫使俄国割让了萨哈林岛，也就是今天的库页岛，同时还从俄国手里夺去了中国东北关东洲的租借权、俄国中东铁路长春到旅顺间的铁道经营权以及附属权等权利。

日俄两国代表签订《朴次茅斯和约》

这段长春到旅顺的铁路随后被日本更名为"南满铁路",由此,日本取得了长约1100公里的南满铁路的实际控制权。除了拥有铁路之外,日本还霸占了铁路两侧16.7米至3000米不等的满铁附属地,附属地总面积达482.9平方公里。而这些附属地,由于拥有驻兵权,成了实际上的国中之国。

虽然谈判前,俄国代表团曾定下底线——谈判期间要始终"保持堂堂帝国代表应有的态度"。但由于失去了大量远东权益,这些俄国代表脸上依然流露出难以掩饰的失落。

然而,尽管占尽便宜,谈判桌对面的日本代表似乎对于这样的谈判结果并没有表现出太多的欣喜。一心盘算着取代俄国在中国东北建立霸权的日本政府,那时候并没有意识到仅仅一条铁路能给自己的国家带来怎样的实惠,相反,却因为没有获得俄国的现金赔款而沮丧不已。

王铁军　辽宁大学日本研究所教授

日俄战争前十年的甲午战争,日本通过和大清国打仗,又割地、又赔款,割了台湾,割了辽东半岛,还有巨额的军费赔款。那么日俄战争之后,期望是十年前我们又有钱赚又有殖民地,(以为日俄战争)这次也少不了。没想到朴次茅斯谈判,结果一分钱没有,不仅没赔款也没割地。

通过这场持续一个月的谈判,插手调停日俄两国战争的美国总统西奥多·罗斯福隐约意识到,野心膨胀的日本并不是他想象中的那样听话和便于操纵。在写给参议员洛奇的私函中他这样评价日本:

日本是一支可怕的新生力量。它贪婪、小器而又好战。

36年之后的1941年12月7日清晨,日军突袭美军珍珠港海军基地,老罗斯福的侄子富兰克林·罗斯福总统,终于见证了当年叔叔的判断,吞下了"养虎为患"的苦果。

此时,在巨大压力之下,完全不知道该如何经营南满铁路的日本首相桂太郎甚至打算将这段铁路转让给美国。

王铁军　辽宁大学日本研究所教授
为什么桂太郎积极主张卖铁路呢?他们对铁路是没有信心的,生怕得来这么一个地方之后,当时由于战争导致日本财政恶化,那么这块地方要靠中央财政去投资,日本中央财政更紧迫。

谈判结果传回东京后,在军国主义浪潮的煽动下,不满谈判结果的东京市民集会在皇宫前的日比谷公园要求日本政府宣布废除条约,并且捣毁焚烧了公园附近的报社和内务大臣官邸。

王铁军　辽宁大学日本研究所教授
(日方谈判代表)小村签订条约回来之后,得知这个事之后就大吃一惊，说这个不能卖，这里面日比谷公园日本老百姓（不满意）正打砸抢，再把铁路卖了，咱们的命就没了。

就这样，日本政府怀着近乎赌博的心态，在整整筹划了将近一年之后，1906年6月7日，明治天皇发布敕令——南满洲铁道株式会社由此设立，简称"满铁"。

让人们无限唏嘘的是，就是这条几乎被日本政府放弃的铁道，在之后40年时间里，像一条毒蛇，紧紧缠绕在中国东北大地上，在贪婪地吸取大量中国富饶资源的同时，成为侵略者带给中国无尽杀戮与战乱的罪恶工具。

东宫惇允　侵华日军东宫铁男后裔
我在学生时代在东京见过满铁大楼，听过"这就是满铁大楼啊"这样的话，在虎之门，溜池附近，是最好的地段，建的一幢巨大的楼。

日本　东京
东京都港区是东京最繁华、最具国际气息的商务区，各式设计独特的高楼临街而立。时至今日，即使是东京本地人也很少会有人知道，坐落在港区虎门的这座看上去再普通不过的商船公司大楼，就是曾经的南满铁道株式会社建立之初的所在地。

然而作为名义上的一个商业机构，筹备创立"满铁"的设立委员会首任委员长儿玉源太郎，并非是一个手握算盘的商人，而是一位利刃在握的日军大将。

东京街头

日本　东京靖国神社

在臭名昭著的靖国神社游就馆的日俄战争展厅中,以16根立柱的形式展现了日俄战争期间的16位指挥将领,其中排在第二位的就是儿玉源太郎,日俄战争中的职务为"满洲军"总参谋长。

靖国神社

这位16岁便参加日本本土战争的军人,一生的"军功"几乎都与日本的侵华行动紧密相连。儿玉源太郎直接参与甲午战争中日军的物资筹备和兵力部署,十年之后的日俄战争中他更作为日军总参谋长,指挥作战部队攻取旅顺口。

王铁军　辽宁大学日本研究所教授

在明治初期军人教育中,儿玉确确实实是比较特殊的军人。为什么这么讲?学界内一提到明治初期的官僚、明治初期的军人,就给人一种感觉非常粗暴、非常不礼貌、没有教养这么一个概念。但是这些军人当中善于动脑筋的,有点战略脑袋的,儿玉源太郎算是一位。

早在日本内阁还在为如何经营南满铁路方针各执一词的时候,一直在辽东半岛作战、对于中国东北情况了如指掌的儿玉源太郎已经盯上了东北得天独厚的战略位置和极其富庶的资源。

王铁军　辽宁大学日本研究所教授

(儿玉源太郎)说东北这块地方是未开发的富源地,这地方非常富,土地非常好,土地都流油,不光有森林,还有煤,好多好多资源都需要我们去利用。

那么,如何通过南满铁路进一步扩大日本在中国东北的利益呢?在儿玉源太郎的授意下,一个考察团偷偷潜入了印度进行调查。

印度　加尔各答

伴随着古老的渔歌,位于印度东部的城市加尔各答在晨曦中缓缓苏醒。1689年英国政府向印度买下了位于孟加拉湾恒河口岸的加尔各答,随即这座小村庄成为英国东印度公司的贸易总部。

东印度公司虽然打着贸易公司的名号，实则是英国政府设在印度的海外扩张代理机构。它不仅将印度的粮食和工业原料，由加尔各答源源不断地运回英国，从而获得丰厚的利润，而且更进一步修建堡垒，设立军队，成为一把英国殖民侵略印度的尖刀。

王键　中国社会科学院近代史研究所研究员

英国女王授权英国东印度公司特权，什么特权？代表英国政府统治印度，经济、金融和军事上的特权，行使英国政府的权利。虽然它叫作英国东印度公司，但是它基本上在印度行使的是英国政府的职能。这就是儿玉特别欣赏的一个殖民地模式。

根据对东印度公司的考察结果，一个模仿英国东印度公司的殖民统治机关的念头，很快在儿玉源太郎的脑海中形成。作为满铁经营委员会委员长的儿玉源太郎决定向明治天皇提议：将满铁建立成一个以铁路公司的名义，实现日本对中国东北殖民统治的国家代行机关。

高桥哲郎　原侵华日军老兵

满铁属于日本国策会社的管理。当时有一个叫"国策会社"的公司，对于日本的战争意义非凡。

赵焕林　辽宁省档案馆研究馆员

成立满铁公司的宗旨非常明确，就是日本作为它的国策机关，什么叫国策机关呢？就是能够贯彻执行它对华侵略政策的机构。

中国　沈阳

在中国辽宁档案馆，经过特殊许可，摄制组查阅到了一些之前从未面世过的满铁档案，其中就包括这本《满铁会社设立命令书》。满铁创立时大量无法公之于众的秘密记载于此。

在这份档案中，我们看到了由儿玉源太郎主导的满铁设立委员全部80人成员名单。这80人几乎无一例外与日本政府有着密切的关系，其中22人为政府高官，其他大部分是两院议员、大财阀以及拥有爵位的贵族。

萨苏　日本研究学者

这说明什么？满铁所谓的公司，根本就不是一个普通的公司，它是一支政治势力。

日本政府作为躲在满铁背后的真正操纵者，从满铁创立之初就如影随形。

王铁军　辽宁大学日本研究所教授

东印度公司以公司的名义，但是人事任命和英国本身本土关系比较疏远，那么满铁不一样，满铁高层人事任命权，完完全全掌握在日本中央政府里面。

根据《满铁会社设立命令书》，创立委员会接下来的任务就是向天皇推荐满铁总裁的人选，这时儿玉源太郎想到了他的老搭档——后藤新平。

医生出身的后藤新平气质儒雅，相貌斯文。然而与这些特质完全背离的是，后藤新平事实上是个彻头彻尾的殖民主义者，做事阴狠的手段甚至更在军人出身的儿玉源太郎之上。二人虽然早在甲午战争时期就已结识，但是真正让儿玉源太郎对后藤新平刮目相看却是因为他们共同在台湾的殖民统治经历。

中国　台湾

虽然时光已经过去100多年，但在台湾的街头依然留存着大量日据时代的建筑，无声地诉说着台湾曾经被日本占领的屈辱历史。

在日本外务省史料馆中，我们找到了1895年中日甲午战争结束之后，清政府被迫与日本签订的《马关条约》日文版原件，条约中规定：中国割让台湾全岛及所有附属岛屿和澎湖列岛予日本。由此，日本开始对台湾长达50年的殖民统治。

然而由于台湾民众的持续抵抗，日本政府妄想把台湾作为赚钱机器的企图不断遭到打击。虽然连换了三任总督，依然无法平息台湾各地的抗日运动，高昂的军费投入成为中央财政的巨大负担，日本政府甚至萌生了卖掉台湾的构想。

在这样背景下，第四任台湾总督儿玉源太郎与民政长官后藤新平走马上任。

李娜　吉林省社会科学院日本研究所副研究员

实际上那个儿玉他不参与执政，他所有的实权，台湾所有的权力都归那个后藤来掌握，所以说实际上，后藤是台湾名义上的长官。

王键　中国社会科学院近代史研究所研究员

他认为，为什么前三任的总督统治失败？因为他们没有对台湾做认真的调查研究，不了解台湾社会的特点，所以他第一件事就搞了大规模的台湾旧惯调查。

后藤新平通过详细的台湾本土民情调查，一系列"软硬兼施"的殖民手段很快在台湾实施起来。一方面向台湾居民兜售鸦片以获得巨额利益，另一方面大量扩充警察编制，实施"保甲制度"镇压台湾抗日活动。在残酷的镇压以及疯狂的掠夺之下，台湾人民陷入水深火热之中，物产资源更是源源不断地运往日本。

从富饶土地上摘到了丰硕果实，日本终于再次尝到了对外殖民统治的甜头，而儿玉源太郎与后藤新平也由台湾开始摸索出了一套殖民统治的方法。正是由于所谓成功治理台湾的经历，后藤新平很顺利地当选了满铁的首任总裁。

在机密档案《满铁会社设立命令书》中，我们查到了当时经日本政府审核通过的满铁总裁的工资标准——每年6000日元，这个数字比当时内阁中工资待遇最好的日本枢密院议长还要高，可见此时的日本政府对于满铁的重视和期待。此时，一部试图将中国东北彻底榨干的巨大机器已经全部组装完毕。

日本　神奈川县江之岛

每年7月中旬，是日本一年一度的"夏祭"时间。这一天，在日本神奈川县江之岛上一场夏祭活动正在进行。男女老少穿着日本传统的"浴衣"，以最欢乐而古老的方式祈祷风调雨顺，五谷丰登。然

儿玉神社

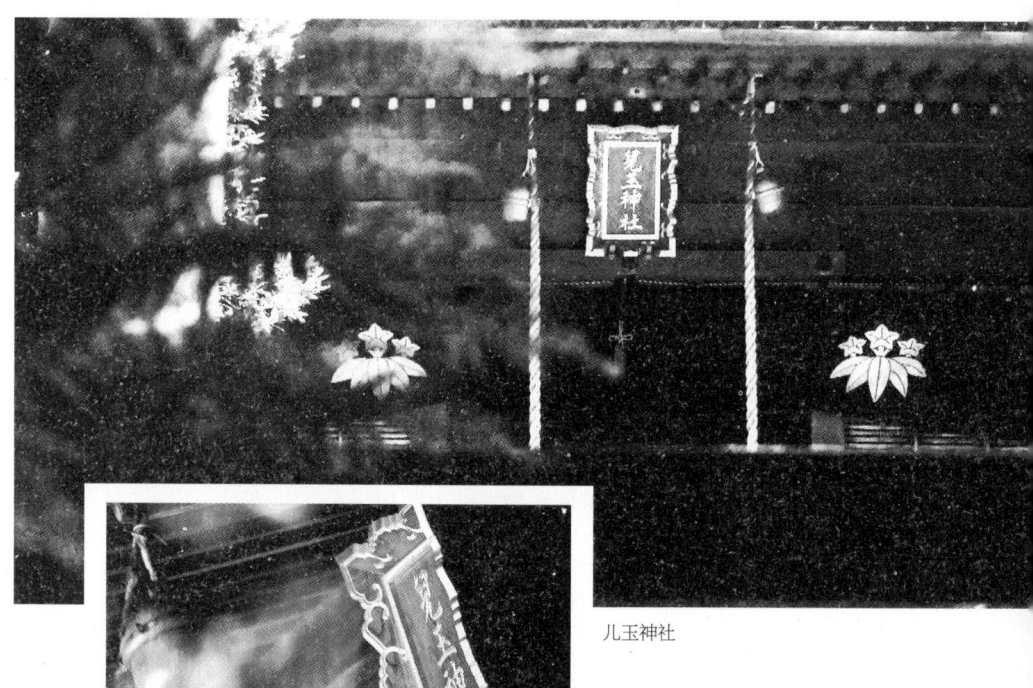

儿玉神社

而，在江之岛半山腰的另一个角落里，却异常的冷清，这里就是儿玉神社。

历史总会给善恶以最公允的裁判，在被任命为满铁委员长仅仅11天之后，儿玉源太郎离奇地死在了自己家中。

曾经风头无二，对于侵华行动事必躬亲的日本陆军名将就这样凄凉地安魂在这座小小的神社中。由于神社的正殿大门紧锁，中国摄制组无法看到那块用中文写成的墓志铭；更无从知道，这个为了一己军功而给另一个民族带来无尽伤痛的日本侵略者，在去世之前是否有过一丝丝的反省。

此时，由于满铁经营的战略构想已经形成，儿玉源太郎的死并没有影响满铁作为日本侵华桥头堡作用的发挥。

不到一个月，满铁的实质性业务便从日本东京迁到了中国大连。

中国　大连

在中国大连，每隔10分钟，就会有一辆有轨电车从这座品字形西式建筑门旁经过。事实上，不论是有轨电车还是这座西式建筑，都是满铁曾经经营大连的痕迹。而这座坐落在鲁迅路9号的建筑就是满铁本社的旧址。1907年3月5日，中国大连正式成为满铁业务活动的中心，而设立在日本东京的满铁大楼则成为东京支社。

满铁本部旧址

王铁军　辽宁大学日本研究所教授

后藤到东北来之后，把台湾这套经营，原原本本都带来了。包括大连、沈阳当时的城市规划，大连那个转盘，沈阳红旗广场、兴华广场各种广场的转盘，都是从台湾的台北广场——台北市规划时的一个广场（照搬），换句话说，后藤新平把统治台湾的这些成功的、没成功的都带来这边。

由此开始，后藤新平带着在台湾殖民时期就形成的方法和手段，开始了在东北的全面经营。在上交给天皇的《满洲经营策略梗概》中，他明确定位了满铁的性质和作用：战后满洲经营的唯一要诀在于——表面上经营铁路，背地里百般设施。不久之后，后藤新平就将这种思想归纳为"文装武备"，满铁以非军事的方式进行殖民统治，为进一步的武装侵略行动做充足的准备。

胡薇　中国社会科学院评价中心副研究员

文装武备论一个很形象的比喻就好像一个身材魁梧的军人穿了一件绅士的西服，一件文人的服装站在那里，但它的实质，它的核心，永远是武备。

王键　中国社会科学院近代史研究所研究员

比方建设港口，战争起来就是军港；我们在满洲建设学校，战争起来就是军营。这就是我们文装，平时做的事情，都好像是一个经济建设，但一切是为了战争的需要。

而首先开始的就是同样在台湾使用过的深入东北各个层面的调查。

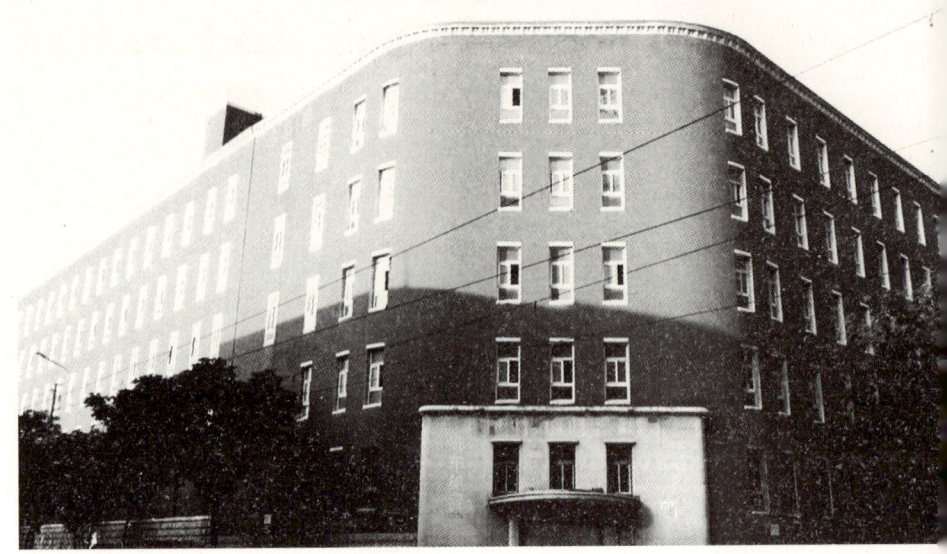

满铁调查部旧址

中国　大连

与满铁本社旧址一街之隔的地方，有一座红色角楼，这里就是曾经的满铁调查部旧址。正如这座外观醒目而内部却极其封闭的建筑一样，被称为"20世纪三大情报机构"的满铁调查部，自1907年由后藤新平成立以来，始终笼罩着一层神秘的色彩。

中国　长春

在吉林社科院满铁档案馆中，我们看到了满铁调查部对于中国东北铁路沿线树木资源的调查，其中包括树木的种类以及每一种树木的具体数量。透过这些极为精确的数字，我们似乎看到了日本对于中国东北的肥沃资源那种近乎病态的占有欲。

胡薇　中国社会科学院评价中心副研究员

满铁调查部是日本智库的开山鼻祖，日本现在的民间智库各个方面还是远远不及当时的满铁调查部的。

王键　中国社会科学院近代史研究所研究员

就拿这个地图来讲，不仅是县城它有详细的地图，每个村庄有详细的地图，而且每个村庄周边的位置，包括坟地的位置，都标得清清楚楚，非常详细。它完全就是日本调查部，日本对中国的国情调查部。

除了资源调查，满铁调查部还将触角深入到中国东北的方方面面，正是因为充足调查数据的支持，满铁得以更为迅速地以铁路公司

中国吉林省社会科学院满铁档案馆

的名义,实现全方面的对华侵略。这其中首当其冲的就是东北丰富的矿产能源。

抚顺煤矿作为满铁在东北经济掠夺的缩影,从1907年开始,被满铁控制的40年时间里,流失了2亿多吨优质煤炭,留下的却是36处中国劳工"万人坑"内的累累白骨。

王晓峰　吉林省社会科学院日本研究所副研究员

东北的煤矿非常丰富,抚顺是露天煤矿,非常大的。容易开采,不用你钻探,干什么的。露天煤矿。采集太方便了,而且抚顺有河流,有道路,水运、路运非常发达。日本还在东北开什么?钢铁,鞍钢。那有燃料,办钢铁工业,各种重工业都离不开的,非常方便。所以他非常重视,立刻就把它占了。

在满铁的经营报告中,我们找到了从1907年到1931年九一八事变爆发前抚顺煤矿历年的煤炭产量,从1907年的233千吨,到1931年的7369千吨,整整增长了约31倍,在1929年产量甚至一度飙升到8519千吨。

满铁调查部对中国东北铁路沿线树木资源的调查

由于产量如此巨大，抚顺煤炭几乎占据了90%以上的中国东北市场，将同一时期的中国自营煤矿排挤殆尽。

不仅如此，除了满足东北本地的正常运营生产外，满铁还将抚顺生产的煤炭大量运送回资源匮乏的日本国内，甚至远销海外从而换取高额的利润。到1931年，日本进口的原煤中抚顺煤炭所占的比例高达69%。

王晓峰　吉林省社会科学院日本研究所副研究员

把殖民地作为一个原料产地，原料产地是什么意思？就是为了自己发展军国主义，或者是发展自己本国的经济，把产量高的（抚顺煤矿）卖出去，赚取大量的外汇资金来发展本国经济。第二是我本国我缺什么，我在你这里边发展什么，供给我的不足。完全是一种单向的。

日本　广岛吴市

位于广岛西南部的吴市军港是日本仅次于横须贺、佐世保的第三大军港，也是侵华战争时期日本西征的起点之一。令中国人无限痛心的是，70年前，这些向西侵略中国的军舰上所配备的燃料，除少量由日本提供外，几乎都是来自中国抚顺的优质煤炭。而制作日军大炮与军舰的钢板原料，除抚顺优质煤炭可以锻造优质钢材之外，几乎没有任何其他煤炭可以替代。中国的大好资源就这样被侵略者所利用。

齐红深　辽宁省教育厅原研究员

满铁它呢是通过这个铁路源源不断地把中国的财富都输往日本，它是个吸血管，一方面这个铁路是吸血管，另一方面，我觉得是这个铁路沿线的（附属地），是一个输液管，是向东北输什么液呢，输毒液，就是输送日本的价值观念，输送日本的文化。

李娜　吉林省社会科学院日本研究所副研究员

在东北实行完全的军事统治，后藤新平认为是走不通的，所以他就把那个整体的思想，在军事和经济侵略的同时，必须进行文化统治。

纪实　杨增志唱歌

千里的沃野，天府之都，这是我们的校歌。

什么意思呢？日本不都渴望东北做他的殖民地吗？沃野千里，一望无际的大平原。

居住在中国大连的97岁老人杨增志，是摄制组至今唯一能找到的一位曾经在满铁开设的学校中读过书的老人。当年只有13岁的杨增志由于家住在满铁附属地内，小学毕业后被迫到满铁开设的南满中学堂读书。通过一首短短的校歌就反映了日本企图对中国实行文化同化的险恶用心。

杨增志

杨增志　满铁殖民教育见证者

我们在旧中国时代就学习中国的历史，而且张学良在那个时候还叫小学生童子军，所以我们在小学的时候就当童子军，吹号，这个那个的，就懂得爱国思想。所以这个爱国思想就是深入了日本侵略中国的，但是我们还得读日本书，那你不读日本书没有什么出路啊。

中国　沈阳

纪实　小学生上课

怒发冲冠凭栏处，潇潇雨歇。

抬望眼，仰天长啸，壮怀激烈……

几经辗转，摄制组找到了位于沈阳市北二马路旁的和平大街第一小学，如今这里是沈阳市一所名校，然而在日据时代，这里也曾是满铁开办的南满中学堂旧址。这座外表修葺一新的教学楼，就是杨增志老人被迫接受日本殖民教育的所在地。

满铁在铁道附属地内不惜血本开办教育，并不是真心希望提高当地的教育质量，而是以教育为手段培养造就"亲日派"和"永为日本之忠臣孝子"。对于极其重视东北殖民教育的后藤新平来说，东北附属地的老师必须由两种人担当，一种是没有到东北挣钱想法的日本人，另一种就是胸怀吞并东北野心的日本人。而对于到附属地学校上学的学生的首要要求便是：熟练掌握日语。

杨增志　满铁殖民教育见证者

你没有日语基础，所以设立预科，这个预科就是一年制，一年制这个预科呢，到南满中学堂单学日语，另外再加上修身，剩下什么也不学，就单学习日语。

杨增志

齐红深　辽宁省教育厅原研究员

一开始教你在课堂上说日语，后来呢逐渐地加深，就是在生活当中也要说日语，发一个牌，发现你说中国话了，给你发这么个牌，这个牌就是你犯错误了，犯错误了你就有耻辱感；什么时候你牌摘掉呢，你再抓住别的说中国话的人，你这牌挂在他脖子上，这时候你这牌就摘掉了。

为了将中国东北进一步日本化，满铁的教育除了在课程上极其重视日语教育之外，在教授的内容上也是费尽心思。

这本《奉天中等学校临时教科用书目录暨删正表》是一本被辽宁档案馆列为"特藏"类的档案，这本档案中详细记载了满铁对中学教科书进行篡改的全部条目：其中伦理课程全部删去中国古文，各门课程中只要出现"我国"的字样，全部改成"中国"，连英语课程中"CHINA"的字样也要一并删去。

齐红深　辽宁省教育厅原研究员

别的帝国主义只是要你的东西，要你的物产，说日本帝国主义不光要你的东西，还要你的心，你已经没有中国人的灵魂了。那你这个人存在着，虽然你长着中国人的面孔，但是你已经没有中国人的思想了，没有中国人的价值观了，没有中国人的民族认同国家认同了，那你中国就永远不能复国。

根据《朴次茅斯和约》规定，日本在中国东北南满铁路所属铁路沿线每公里就有部署15名士兵的权利。由此日军的一个师团和六个独立守备大队，总兵力共一万多人，陆续以各种名义进入中国的土地；这支部队蛮横地驻扎在满铁的铁道沿线、附属地以及租借地关东州内。他们就是后来发动九一八事变实施侵华阴谋的急先锋——"日本关东军"的源头。

日本东京本社旧址

张劲松　辽宁大学国际关系学院教师

在九一八事变之前，关东军最主要的任务，一个是守卫铁路，再一个我把它叫作关东州的哨兵，要保护所谓关东州日本人各种权益，就是要给这些日本人站岗放哨。

在九一八事变之前，日本在东北的侵略机关主要有四大机构：关东厅、满铁、关东军司令部以及日本领事馆。而单纯从业务上看，进行企业经营的满铁与进行军事侵略的关东军之间并无任何交集，然而事实上，两者从创立之初关系便密不可分。

谢学诗　吉林省社会科学院研究员

满铁成立之后，日本对中国武装侵略的每一次活动，满铁全部都参加了。

张劲松　辽宁大学国际关系学院教师

满铁和关东军是这样的，两者用一个词形容就是狼狈为奸，两者之间不是单纯的有一个简单的要求，或者某一个物质利益形成的简单利益关系，完全是一种为了所谓日本整个权益形成制度化的安排。

所谓"兵马未动，粮草先行"，自古以来军事行动必须依托有力的交通保障而进行，然而满铁对于日本关东军的支持不仅仅是表面上的保证交通运输那么简单。

张劲松　辽宁大学国际关系学院教师

关东军和满铁之间，从1914年开始有一个明确的规定，关东军在满铁当中要有长期驻站人员，名称叫作"嘱托"。有点类似于现在铁路军代表，作用是非常大的，甚至包括了满铁整个计划安排，满铁大政方针都要经过军方的首肯才可以同意的。

满铁凭借雄厚的经济实力和在东北纵横交错的侵略机构为关东军进一步进行武力侵略行动，做好了充分的后勤保障。单单从情报搜集上，1930—1931年满铁调查课处理的情报件数就翻了10倍之多；另外满铁还出钱资助游荡在东北地区的日本退役军人，这些数目庞大的退役军人成为一支随时可以被"唤醒"的关东军的打手。

如果说，经济侵略和文化殖民，满铁还带着后藤新平所提出的"文装武备"中"文装"的面具，那么与关东军的合作则彻底暴露了满铁的武备阴谋，形成了"军铁如一"的侵略态势。而羽翼逐渐丰满的日本关东军在满铁经济支援和土地占有思想的推动下，一些少壮军人开始蠢蠢欲动。

张劲松　辽宁大学国际关系学院教师
我们讲日本军部当中有一批少壮派军事力量，这批人来到关东军之后，就像你讲的关东军给他提供了操练场，从东北开始迈出了他们实现皇国梦的第一步。

伴随着满铁在中国东北逐步确立起政治、经济、军事指挥中枢，躲藏在满铁背后的日本眼见时机成熟，头脑愈加发胀，此时它已经失去了冷静审视自己的能力。而在这个张狂的身影背后，一群与满铁绑在同一架战车上、深受军国主义思想影响的军人正在将日本国家毁灭的火种悄悄点燃。

第三集 恶欲膨胀

从日本视角出发，以震惊中外的九一八事变为线索，从基于武士阶层建立起的明治政权展开，深入剖析日本先天所具有的"军国主义基因"的发展脉络。以日本不同时期的政界、军界要人为纽带，从政治、军事、经济等多个方面，详细阐述日本侵华前夕的台前幕后，分析日本如何从一个貌似彬彬有礼的国家，逐渐走上了一条嗜血的不归路。

第三集 | 恶欲膨胀

石原莞尔生前最后一段视频资料

这是日本陆军中将、发动九一八事变的主谋者石原莞尔在去世前9个月，留下的最后一段影像资料。

【影像资料】石原莞尔

现在的日本完全放弃了战争，完全放弃了！我们坚信应该抛弃利害关系，以立正精神为准绳来衡量我们的国策。

1948年秋天，已经膀胱癌晚期的石原莞尔在家乡山形县饱海郡高濑村接受了自己人生中的最后一次采访，虽然已经病重，但他仍然尽量用响亮的声音回答采访者的提问。

【影像资料】石原莞尔

艾克尔伯格最后却有意让日本在美苏争霸时成为美国的同盟，我们坚决反对。我们定制了宪法。即便日本遭受侵略，我们也应该坚持彻底放弃战争。

让人没有想到的是，这位曾经策划和发动了九一八事变的主谋，被称为关东军"大脑"的日本军人，却在人生的最后一次采访中，信誓旦旦地倡导和平，让日本彻底地放弃战争。

日本　鹤冈市护国神社

几经辗转，我们在鹤冈市护国神社的院子里，找到了标示着石原莞尔出生地的石碑。然而，出乎我们意料的是，在这块石碑上，石原莞尔居然也被冠以"永久和平的先驱"的评价。

日军袭击东北军北大营

日本鹤冈市护国神社院内标示着石原莞尔出生地的石碑

在这块石碑上,石原莞尔被冠以永久和平先驱的评价

作为九一八事变和"满蒙独立"的主谋者之一,石原莞尔亲手将无数日本平民带入战争,也给中国人民带来了深重的灾难。而"永久和平的先驱"这个评价与石原莞尔本人的所作所为形成了巨大的反差。一个侵华日军的头目为何会被称为和平先驱?那个时代日本军人的心里究竟有着怎样扭曲的人生观呢?我们希望通过对石原莞尔的寻访,找到近代日本军人背后所隐藏的战争罪恶。

日本　山形县鹤冈市

在山形县鹤冈市寻访石原莞尔线索的过程中,我们和当地的出租车司机攀谈了起来。

出租车司机:不知道石原莞尔的应该还挺多。

记者:这样啊?

出租车司机:在鹤冈不知道他的人挺多的。我们知道他当了陆军中大将,去了中国东北,再详细的就不知道了。

然而时过境迁,即使是本地人对这位当年叱咤风云的人物也了解不多。为了找到更多线索,我们来到了鹤冈市乡土资料馆,这里收藏着石原莞尔家人捐献的石原莞尔亲笔书信、日记以及遗物。在众多资料当中,我们发现了这张照片。照片定格下的是石原莞尔一次不平凡的远游。

石原莞尔

1920年5月,在日本陆军省教育总监部任职的石原莞尔得到通知,即将被调往中国汉口的派遣队司令部任职。

鹤冈市立图书馆

当时在日本军部看来,被派到中国的军人都是受到了排挤,可当年31岁的石原莞尔听到要去中国的消息后,却表现得兴奋至极。

阿部博行　石原莞尔研究学者
石原莞尔以第二名的成绩毕业于陆军大学,是一个非常优秀的军人。石原莞尔十分具有反叛精神,他的个性到死也没有改变。

那么,石原莞尔为什么会对中国抱有如此浓厚的兴趣呢?

阿部博行　石原莞尔研究学者
他上东京的中央陆军幼年学校的时候,当时有个和他同时期的朋友,那个朋友的父亲很看重中国,(认为)中国和日本必须联合起来,反抗欧美的侵略。石原莞尔好像受到了(启发),从这个朋友的父亲那里知道,不能小看中国人。

由于受到身边人的影响,石原莞尔对近千年来日本一直顶礼膜拜的中国充满好奇。由于生于岛国长于岛国,强烈的忧患意识牢牢扎根在石原莞尔的思想中,他认为:大陆才是军人最值得依赖的靠山。而在1920年前后,在经历了中日甲午战争、日俄战争的胜利之后,受到巨大战争利益的驱使,日本整个国家对外侵略扩张的野心更加强烈。

在那样的环境中,年轻军人石原莞尔认为:要驱赶西方势力,单靠资源匮乏的日本无法行得通,必须联合地大物博、资源丰富的中国才能完成。

于是,石原莞尔把去中国工作视为一次十分宝贵的机会,带着多年对这个国家的想象和期待,他踏上了去往中国的旅程。

中国 汉口

这里是中国汉口,早在1898年,日本胁迫清政府签订了《汉口日本专管租界租约》,从此,日本就在汉口地区拥有了一片租借地,设立了派遣队司令部。石原莞尔当时就被派驻到这里工作。

然而,置身中国短短几天,石原莞尔就发现,眼前的中国社会景象并不是他认为的模样。

靖国神社内的日本军人塑像

阿部博行　石原莞尔研究学者

当时的中国是割据分裂的。他到了汉口以后强烈地感觉到，中国由于军阀割据，造成没有统一也没有进行近代化建设（的局面）。

此时的中国在1916年袁世凯死后，就结束了北洋军阀集团的大体统一局面，开始了群雄纷起的军阀割据年代。而汉口的日本租界地则是另一种混乱，那里成为华中地区贩运毒品的大本营。日本浪人依托租界庇护更是横行霸道。

在日本鹤冈市乡土资料馆工作人员提供的诸多资料中，我们找到了很多石原莞尔在中国拍摄的照片，这些照片记录下了当时中国社会的混乱和中国人民所遭受的苦难。

中国的乱局，让石原莞尔看到了日本侵略中国的机会。狂妄的石原莞尔在日记中写道："现今还没见到中国的政治安定，要增进中国国民的幸福，国际管理不用，我们大和民族会断然担此重任。"然而石原莞尔所谓的幸福，不过是他粉饰侵略的借口罢了。

阿部博行　石原莞尔研究学者

石原莞尔对中华民族的看法，不是一成不变的，随着中国国内局势的变化，石原莞尔的看法也在变化。

自明治维新以来，日本政权逐步被日本军队掌握，由于深受日本千年封建社会遗留下来的"日本乃万国之本的国家"、"武力乃立国之基础"等观念和人性扭曲的影响，一些日本政客和军人开始确立对外扩张侵略的信念，而这些思潮泛滥，为日本军国主义滑向深渊打开了方便之门。

户部良一　日本国际文化研究中心研究员

很多人和石原有一样的想法，很多人对中国有偏见，认为中国人没有统治能力。蒋介石政权也是军阀演变而来的，蒋介石政府并不是在人民的拥护下成立的。

在中国汉口一年多的任职经历让石原莞尔近距离认识了当时的中国。利用这段时间，石原莞尔考察了中国很多地方，搜集大量政治、经济和军事情报，也目睹了中国土地的富饶。于是他逐步形成了"大陆扩张"的系统侵略思想，而在中国的这段经历也为他之后成为九一八事变的主谋奠定了思想基础。

纹缬厚　日本山口大学副校长

（石原莞尔认为）应该是以日本为中心，否则世界不会得到和平，这叫作"八纮一宇"，所谓"八纮一宇"是指全世界各民族都要集中在天皇周围，以天皇为中心，要创立以日本为中心的世界秩序。

带着复杂的心情，1921年夏天，石原莞尔回到日本。而此时的日本社会也已经是危机四伏。"一战"结束之后，日本的经济开始了持续萧条。

姜克实　日本冈山大学教授

战后恐慌，1920年3月，这时候没有军火订单了，它（日本）马上经济就不景气了，这时候日本就开始渐渐地走向了不景气的时代，走了多长呢？走了10年。

在此之前，从1914年到1918年，当整个欧洲都笼罩在第一次世界大战的阴影之中时，日本却利用"一战"的天赐良机，获得了丰厚的经济回报。

姜克实　日本冈山大学教授
日本并没有真正介入"一战"，很多都是过去卖不出去的东西，现在人家没法生产了。比如我要军大衣来个订单，（日本）马上给它做了，全是日本人发了财。所以日本在1915年以后到1920年之间，它的经济发展非常地快。

而在"一战"期间，狂热的日本军国主义者独自享有中国利益的野心也越来越公开化。1914年8月日本向德国宣战，最终得到了德国在中国山东的权益，并占领了青岛。1915年，日本公然提出"二十一条"，企图把中国的领土、政治、军事及财政全都置于日本的完全控制之下。陶醉在极度自信当中的日本人却没有想到，他们就要为以战争来聚集国家财富的做法，付出代价。

冲松信夫　原日军侵华老兵
确实得到了利益，但是为此也失去了很多东西。比如对中国的侵略，公然地提出了"二十一条"，提出了很多要求，是非常严重的负面后果，而日本没有注意到这件事则可能是更加严重的问题。

当"一战"结束后，西方的注意力再次聚集到中国的时候，日本"趁火打劫"的行为引起了西方列强们的反感。

美国华盛顿林肯纪念堂

美国　华盛顿林肯纪念堂

这里是位于华盛顿的国家大草坪西端的林肯纪念堂。这座通体用洁白的花岗岩和大理石建造的古希腊神殿式建筑被视为华盛顿市的标志。1921年11月,在这里,美国召集"一战"的战胜国召开了一次国际会议。日本驻美大使币原喜重郎等人作为日本的全权代表,出席了这次会议。

这一次,美国最主要的目的就是希望日本能收敛自己日益膨胀的扩张欲望,以免影响到西方列强在亚洲的利益。

户部良一　日本国际文化研究中心研究员

美国国务院的东亚研究专家们表示,日本在战争期间,通过给中国施压以满足其要求。所以应该在华盛顿会议上剥夺日本在中国取得的一切权益。在国际这个大法庭上,日本处于被告的地位,应该让日本反省。

担任日本全权代表之一的币原喜重郎,由于长期在外务省及驻外使馆任职,他十分清楚"一战"后日本和国际的关系。

从1920年开始,日本经济出现了萧条。为了克服经济困难,挽救财政危机,日本政府积极引进外资,首先依靠的就是美国。同时,由于日本资源的匮乏,在石油、钢铁等重要发展工业的物资上无法自给自足,必须和英美保持良好关系。在币原喜重郎看来,这一切的因素,造成了日本不得不在外交上对西方采取更柔和的配合态度。

户部良一　日本国际文化研究中心研究员

日本签订了很多不利的条约,是因为美国和英国有意抑制日本的扩张,设下了很多限制日本的条条框框。同时,日本认为只有和英美保持同一步调才能获得最大利益。

于是,币原喜重郎代表日本同意在缩小海军规模等方面让步,并与美英等国签署了《九国公约》,条约规定各国在中国的利益机会均等。随后,又进一步同意废除"二十一条"中的部分条款,并减少对中国内政事务的干涉,主张以经济手段来获取中国利益。

由独享中国利益变为与西方列强平分,一种失望情绪开始弥漫日本朝野,但迫于国际压力,日本只能无奈接受。

姜克实　日本冈山大学教授

日本是在1925年,整个(军队)缩减了4个师团,4个师团也就是,平时大概有4万多将近5万多人。

虽然币原喜重郎主张与国际社会保持良好关系的做法,从长远角度维护了日本的经济利益。但是他看似软弱的外交策略,不仅实实在在地打击了岛国日本半个世纪以来日益膨胀的向亚洲大陆国家扩张的欲望，而且也遭到了国内很多强硬派，尤其是军部的指责。

姜克实　日本冈山大学教授
　　美国和英国这种国家都是军队太大了，对它来说有压力（所以）我要裁军。日本是正在往上走呢，要被裁，对它来说是非常不主动的事。但日本的币原外交，一些外交官就主张顺从英美，但军队有很多人反对。

　　华盛顿会议后，日本表面上似乎进入了一个和平发展的时代，但是，它的身后正涌动着危险的暗流。日本政府已经无力摆脱1920年以来的经济萧条。而发生在1923年9月1日举世震惊的关东大地震更是雪上加霜，房屋倒塌，大火连街，东京和横滨一带被夷为平地。萧条下进行的震灾复兴的借贷，耗尽了日本政府和民间银行的体力，从而引发了1927年的金融危机，日本的经济逐步陷入了瘫痪的边缘。

　　危急中，民众愤懑的目光，逐渐集中于无能的政党。他们开始希望一个有权威的组织，一个有指导力的人物出现，引导日本摆脱困境。而右翼组织和军内革新势力趁机抬头，一位叫田中义一的陆军大将开始登上历史舞台。

日本皇宫

姜克实　日本冈山大学教授

就跟希特勒为什么上台一样，1927年日本金融恐慌，老百姓就希望有权力者，说话算数的人出现，田中义一，作为一个军人政治家就随之出现了。

日本本州岛　山口县

这里是位于日本本州岛最西部的山口县，将我们的脚步引向这里的是山口县的一座小城萩市。虽然地处偏僻、人口不多，这里却让历史爱好者们趋之若鹜。因为从这座小城中，走出了9位日本首相，在1927年登上历史舞台的田中义一就是其中之一。

田中义一塑像

笠原十九司　日本都留文科大学教授

田中义一的野心非常大，他的家乡是山口县。他既掌握政友会又有自己的政党，他既是政友会的总裁，又是陆军大将。因此他常常持有陆军侵略政策，他一直有进军中国扩大利益的想法。

田中义一自1892年陆军大学毕业步入军界后，很快就博得了日本陆军创始人山县有朋的赏识。作为同样从山口县萩市走出的军人，田中义一和山县有朋一样推崇并深受武士道精神的毒害，同样主张扩军备战的自主外交路线。1922年，山县有朋去世后，田中义一在陆军中继承了山县有朋的影响力，开始了进入政界的准备。

纹缬厚　日本山口大学副校长

田中义一原本是陆军出身，对中国大陆非常感兴趣。特别是还曾作为驻俄陆军武官，被派往俄国。田中义一最终的想法，不仅是中国，甚至俄国、西伯利亚地区，如果可能的话，都想攻下来。

危机时代的政治倾向，是寻求变革，是对旧秩序的否定。日本陆军大将田中义一代表的军部势力做大做强，意味着"一战"后币原喜重郎推行的英美协调政策的破产，这进而成为日本在亚洲一意孤行发动侵略战争的罪恶源泉。

除了军队高层，日本一些普通的军官，也纷纷在这个时期跃跃欲试。面对日本的未来，此时作为陆军军官的石原莞尔一直蠢蠢欲动。他认为日本必须更加自立自强，才能实现对抗西方、侵占亚洲的目的。因此，石原莞尔开始潜心研究战争谋略，他希望替日本制定一套完善的战略。

绞缬厚　日本山口大学副校长

石原莞尔从1920年代开始,非常强调要占领中国大陆,他一直认为,只有通过将中国大陆变为日本国土,才能够和世界最强国美国取得平衡。

经过在中国一年时间的战争调研,又远赴德国学习军事理论,后来,石原莞尔带着他的研究成果"最终战争论"回到了日本。

日本　山形县

今天,在位于日本山形县石原莞尔墓旁的一块石碑上,我们看到了他的弟弟石原六郎为他所写的墓志铭,上面刻有这样的文字:"石原莞尔在1925年发表《最终战争论》,到1949年去世为止,他的一切思想、行动,都是基于此历史观。"

那么究竟什么是"最终战争论"呢?它又和日后由石原莞尔主谋策划的九一八事变有着怎样的联系呢?

石原莞尔《最终战争论》

这本纸页已经泛黄的书,记录下了石原莞尔最初对"最终战争论"的设想:

"未来世界的冲突是东方文明和西方文明的冲突,作为东方文明代表的日本不可避免地要和作为西方文明代表的美国要进行一场所谓'最终的战争',以此来决定人类社会的走向。"

绞缬厚　日本山口大学副校长

石原莞尔的想法是,将朝鲜半岛、中国大陆完全变为日本国土,以这一大块土地为基础,在世界范围内,和美国进行终极战争,所以他用了"最终战争"这样的说法。

而在石原莞尔所描绘的这场"最终战争"的较量中,日本在战略上处于不利的地位,国土没有纵深,没有战略物资资源。而如果想在这场持久战中取得胜利,日本一定要有一个后方基地,这个基地就是"满蒙"。

绞缬厚　日本山口大学副校长

当时众多的日本陆军都是石原的这种思想,大家都对"最终战争论"非常关注,也就是说,石原虽然是一名军人,但是作为殖民主义者,深受大陆进攻主义者崇拜。

1928年,调任日本关东军作战主任参谋的石原莞尔带着这样的战争观,来到了中国东北,他在寻找着实施"最终战争论"的机会。

阿部博行　石原莞尔研究学者

当时的日本经济非常不景气,有粮食等很多问题。解决"满蒙"问题成为解决方法之一,日本国内当时的确有这样的想法。考虑到日本国内的种种情况,"到满蒙去"成为打开局面的方法。

其实,不仅是作为军人的石原莞尔,在遭受着国内外种种压力的日本,很多人怀着各自的目的纷纷把目光逐步投向了中国东北。已经从日本陆军相退役改任政友会总裁的田中义一也是其中之一。

绞缬厚　日本山口大学副校长
田中义一从军人时期开始就持山县有朋一样的"不占领中国无法生存"的想法,田中义一一直鼓吹"大陆国家日本","非如此,今后在亚洲不能获得安定的地位",将他的想法用一句话来说就是,不占领中国,今后的日本就没出路。

第一次世界大战后,中国人民掀起了轰轰烈烈反帝反封建的运动,欧美列强也重返亚洲与日本争夺利益。然而,此时中国国内的形势,却逐步威胁到了日本进一步开拓中国东北的设想。1927年,当以蒋介石为首的北伐军打到长江流域时,触碰到了日本那根最致命的神经。顿时间,日本内部的军政矛盾全然浮上水面。以时任日本外相币原喜重郎为代表的政府希望仍然以经济手段掠夺中国,对中国的北伐战争表示默许,而军方则强硬希望通过武力遏制中国统一。

户部良一　日本国际文化研究中心研究员
如果统一了中国,日本在"满蒙"的利益很有可能被剥夺。因此,有些人认为应该采取强硬的措施。持有这种极端思想的大多是军人。支持这种想法的人,有在野党的,也有执政党的,因此,他们结成了很强的政治势力。

1927年3月23日，参加北伐战争的国民革命军抵达南京。北洋军阀部队眼看守城无望，匆忙渡江撤退。此时，南京城里的兵痞与流氓趁机抢劫，致使部分外国人遭遇攻击，史称"南京事件"。而南京事件给日本找到了借口。

冲松信夫　原日军侵华老兵
日本人最会诉说的应该是有日本人被杀了这一点。那些话被谈得很多。由此，爱国心之类的东西逐渐被激发出来。那是政府故意操纵的，当然报纸也是一样。

日本媒体对南京事件的大肆宣传使得民众都倾向了强硬派一方。在1927年3月，政友会总裁田中义一发表演说，公开指责外相币原喜重郎长期以来的软弱行为，呼吁日本应对中国北伐进行干涉。

民众对政府在外交上的软弱以及国内经济衰退的不满，终于在田中义一这个军人政治家的诱导下爆发了。一个月后，1927年4月20日的《东京朝日新闻》上，登出了军人出身的田中义一任日本首相兼外相的消息。币原喜重郎的柔和外交暂告落幕。日本人在经历激荡变革之后，最终选择了完全走向军国主义的道路。

日本　外务省
这里是东京霞关区日本外务省所在地。1927年6月27日，上台仅两个月的日本首相田中义一就在这条街道上的首相官邸里，主持召开了一次与中国和日本的命运都息息相关的重要会议，这就是历史上著名的"东方会议"。

经过多次协调，我们终于在日本外务省外交史料馆里，找到了已经解密的东方会议的详细记录。记录中显示，在东方会议中，田中义一专门成立了"满蒙特别委员会"，计划用武力解决"满蒙"问题。

东京霞关区日本外务省

姜克实　日本冈山大学教授

北伐军如果侵犯日本在东北的利益，日本要怎么对抗，这就是一个采取措施的一个讨论。这时候他（田中义一）做了一个结论，就是要"满蒙"分立，把"满蒙"从中国大陆独立出来，这么一个方针就定出来了。

日本首相官邸

日本　皇宫

东方会议之后，田中义一根据会议精神，密奏天皇臭名昭著的"田中奏折"，悍然提出："惟欲征服中国，必先征服满蒙，如欲征服世界，必先征服中国。"此时，把"满蒙"作为日本的生命线成为日本军政两界的共识。在东方会议确立了武力解决"满蒙"问题的方针之后，一场侵占中国东北的惊天阴谋随即展开。

绞缬厚　日本山口大学副校长

这个会宣告了"对中国要彻底通过武力，甚至和欧美不惜一战，也要把满蒙变为日本领土"这种坚定的意志。如果在这之前还有些余地或者说变动，但在这之后就固定了。对华政策今后就是靠武力来了，就这么进行了，在这个会上最终确认，今后的对华政策就不再变了。

东方会议的召开和"田中奏折"的出台，预示着中国东北即将成为日本军人"建功立业"的演兵场。然而，无论是田中义一还是石原莞尔，这些自以为聪明过人，有理想、有情怀的日本军人们在"满蒙"勾勒出的美好愿景却给中国带来了无尽的灾难。东方会议所制定的罪恶企图不仅在今后的十几年间让中国的土地饱受磨难,也把日本拖入了战争的深渊。他们编织的美丽谎言让无数普通日本人葬身在中国东北陌生的土地上。

高桥哲郎　原日军侵华老兵

当时的口号是"大东亚共荣圈",以日本为主导,包括中国、朝鲜、蒙古、"满洲国"组成一个共荣圈,成立一个邦联制国家。当时我们都认为,中国的政治很混乱,日本到了中国之后,会和平解决政治混乱问题,帮助中国建立一个和谐的国家,从未想过这是侵略。

已经94岁高龄的高桥哲郎,是曾经参与日本对华作战的老兵。23岁时正值年少的高桥哲郎参军入伍,来到中国。回忆起当初参军入伍时的场景,这位老人仍然心有余悸。

采访高桥哲郎

高桥哲郎回国见到亲人时的情景

高桥哲郎　原日军侵华老兵

恐惧，是的。正因为恐惧才不想入伍，甚至很想逃走，但是没有办法。如果不入伍，想逃走的话，就会被宪兵队抓住，关入监狱。

1945年日本战败之后，高桥哲郎作为战俘，被相继关押在苏联和中国抚顺的战犯管理所强制劳动。直到1956年经中国政府赦免，阔别家乡多年的高桥哲郎终于回到了日本。这张照片记录下他回国见到亲人时的情景。

高桥哲郎　原日军侵华老兵

1956年从抚顺回到了日本。1956年7月回日本。这是我母亲，这个是哥哥。这是我附近的（亲人）。我15年没有见到他们。

在鹤冈市乡土资料馆，我们在石原莞尔的《最终战争论》一书中看到了这样一句话："战争彰显了国民皆兵的事实，目标应该是让男女老少、山川河流、全国民众都投入到国民战争当中。"数十年前，石原莞尔在书中写下的这句话,至今仍然让人不寒而栗。石原莞尔、田中义一和他们的后继者们共同制造了20世纪人类历史上的最大悲剧。

村山富市　日本前首相

战争带来的悲惨影响,和父母兄弟分开,参加战争,回来时已经是死人,对于家人来说是很残酷的事。最后,不只是在战场上,国内也到处遭受轰炸,变成了战场,国民也都遭受到了战争带来的伤害。

记者:那石原莞尔为什么突然声称自己是和平主义者呢?是不是发生了什么?

出租车司机:有很多士兵都战死沙场。正是因为石原莞尔的部署和调动才导致很多士兵战死的。虽然并非自己亲自动手,但是因为自己所制订的计划间接造成了这样的惨剧。这边就是我们刚刚谈论的地方。

石原莞尔墓

石原莞尔墓

记者：原来是这样。

出租车司机：这边就是石原莞尔的墓地。

当我们来到石原莞尔墓地的时候，这里芦苇丛生，一片萧索。然而无论怎样伪善的忏悔，也无法让这位战争的发动者得到救赎。

绞缬厚　日本山口大学副校长

所谓的武力和平绝对不是和平。石原莞尔和如今的安倍首相相通的思想，就是武力和平、共同生存的关系。我认为平等的关系，不依靠武力，而是靠商量，通过切实的交流，通过这样的方式才能得到真的和平。在当今这个时代，这种想法我认为非常重要。

东条英机被指正现场

　　那么记载在日本山形县石原莞尔出生地石碑上的"永久和平的先驱"又是为什么呢？原来在1945年日本投降后，由于石原莞尔与日本头号战犯东条英机的私人恩怨，他宣称自己是和平主义者并指证东条英机，最终逃脱了战争罪行的审判。就在这位战争的发起者在人生的最后一次采访中讽刺性地高呼和平之后不久。1949年8月15日，石原莞尔终于因膀胱癌死于家中，终年60岁。而这一天也是日本天皇宣布无条件投降的四周年纪念日。

　　随着军人势力的上台，走向军国主义道路的日本，注定会滑向更深的黑洞。而唱响这个黑洞的第一乐章，便是日本关东军在中国东北制造的震惊世界的九一八事变。

第四集 暗夜来临

　　1928年6月4日的夜晚,日本关东军奉天独立守备队队长东宫铁男紧张不安地守在距离三洞桥不远的一个瞭望台上。随着一声巨响,预先埋设在三洞桥下的烈性炸药,将张作霖乘坐的专车炸毁,张作霖被炸弹气浪抛出10米远,咽喉破裂。刺杀张作霖的"皇姑屯事件"瞬间发生了。而在中国实施谋杀事件的人,在日本却被民众奉为英雄,没有受到任何法律制裁。

东宫铁男故居

日本　群马县前桥市

从东京乘坐两个小时的火车向北,是中国摄制组新一天探访的目的地——日本群马县前桥市。对于大多数中国人而言,这并不是一个熟悉的地方,而我们要去的最终地点,更是隐藏在群山深处。

同期

记者:打扰了,我们是之前跟您联系过的中国摄制组。

眼前这位满头银发的老人,便是中国摄制组要寻找的东宫惇允。东宫惇允和妻子二人在这片深山之中经营着一家祖上留下来的温泉旅馆,据先生说,这座充满和式风情的家庭旅馆已经有100多年的历史。由于受大雨影响,抵达当天,我们成了这里唯一的客人。但我们此行的目的,却并非享受天然温泉。

同期

记者:这是很珍贵的照片吧。

东宫惇允:这是他本人。

东宫惇允所说这张照片中的人,名叫东宫铁男,他便是我们此行要探寻的历史真相的重要当事人。而东宫铁男生前留下的一本绝密日记,记载了80年前发生在中国东北的一次震惊全中国乃至世界的大事件。

1945年日本战败投降时,日本军部第一时间强令销毁这些日记,但是东宫铁男的妻子还是偷偷地保留了一部分日记原件。

东宫惇允　日本侵华军人东宫铁男后裔

在远东军事判决前,军部希望在开庭前要把和中国相关的资料都烧毁。叔母——东宫铁男的夫人美佐阿姨说在我家里的院子中烧了三天三夜。

这些冒着生命危险保存下来的日记历经80多年的岁月侵袭,已经渐渐褪色、发黄,但记录在军用笔记本上的文字依然清晰可辨。我们将随着这本绝密日记记载的一幕幕历史场景,去感受一位日本侵略者在中国东北制造惊天阴谋时的呼吸与心跳。

第四集 | 暗夜来临

东宫铁男

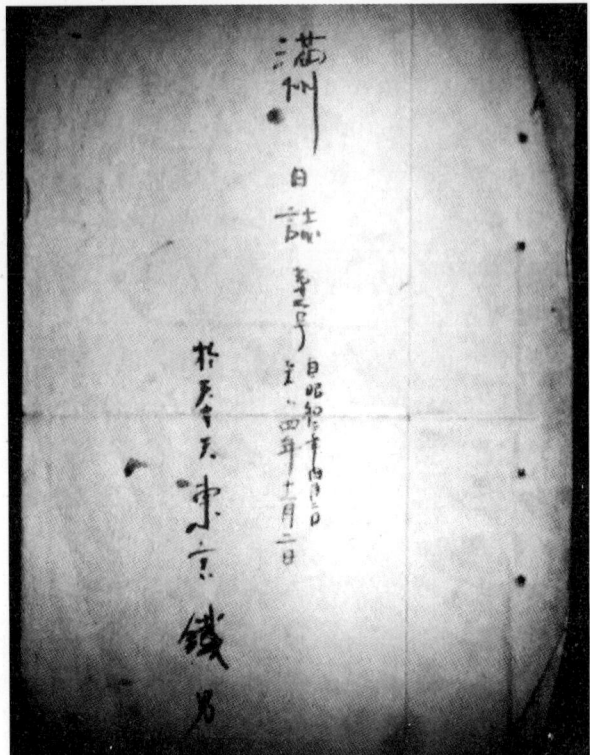

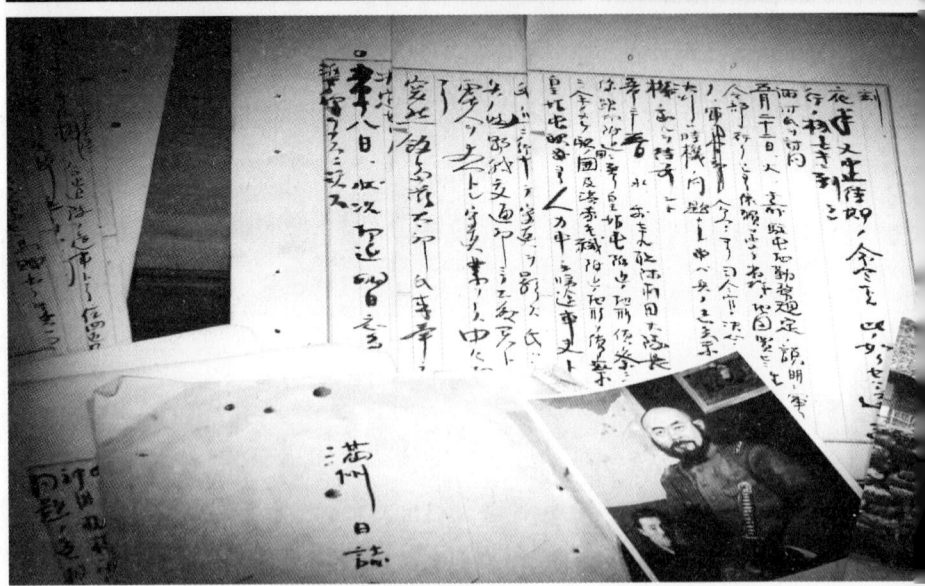

第四集 | 暗夜来临

东宫铁男的日记及资料

东宫铁男日记

5月23日，由我一人去车站，侦察周围地形后返回。

1928年，36岁的东宫铁男担任日本关东军奉天独立守备队队长，驻扎在中国东北奉天，也就是今天的沈阳。通过这段日记的描述，我们可以感受到东宫铁男的谨慎和戒备，因为，他即将执行一次企图改变中国东北命运的绝密任务。

那么，这究竟是一次怎样的绝密行动？如果计划成功，日本又将采取什么样的方法占有中国东北的广袤土地呢？

即将制造历史大事件的日军大尉东宫铁男出生在日本农村。20世纪20年代，日本经济在经历了高速增长后，由于世界范围内的经济危机及关东大地震，日本经济开始迅速滑坡，而日本农村遭受到的打击最为严重。

东宫悍允　日本侵华军人东宫铁男后裔

实际上当时自己（东宫铁男）的部下在东北等出身的部队中，处在食不果腹、姐姐妹妹被卖给游客那种悲惨的状态下，想到退伍后的情形，那就在满洲这片土地上（继续生活），带着这样的想法，（东宫铁男）开始了农业移民。

笠原十九司　日本都留文科大学教授

日本的经济无法保障国民真正的生活，在那个时候，若进行侵略，掠夺资源就可以变得富裕。因此，国民会给予支持。

1904-1905年，为了争夺各自在中国东北的利益，日本和沙皇俄国在中国的土地上进行了惨烈的日俄战争。战争结果，仅有四千多万人口的岛国日本战胜了人口比他多三倍以上、军事力量比他强大数十倍的沙皇俄国，但同时也付出了十多万士兵死亡的生命代价。由此可以看出，中国东北在日本人心中的位置有多么重要。

笠原十九司　日本都留文科大学教授

日本提出满蒙是日本的生命线的说法，认为占领中国东北和内蒙古后就可以获得广袤的具有经济效益的领土。

冲松信夫　原日本侵华军人

当时的广播、报纸会提到富饶的国家与贫瘠的国家，（日本）国土狭小、资源又稀少，无法生产，所以必须要重新分割殖民地。从日本来说，广播中、报纸上都会公然出现东北是日本的生命线这种说法，也是一个事实。

日俄战争遗址

小池圣一　日本广岛大学教授

日本陆军对中国的印象还是把东北和内地分开，分的时候意识中认为东北是日本的。

然而，有一个人却成了东宫铁男及其他日本军国主义者心中阻碍日本扩大自身利益的眼中钉，他就是当时中国北洋军政府陆海军大元帅、号称"东北王"的军阀首领张作霖。

张作霖早年在日俄战争中左右逢源，周旋于清政府、日本和沙皇俄国之间，捞尽好处。后来凭借投机钻营能力，逐步确立了东北王的显赫地位。通过日俄战争，日本从沙皇俄国手里夺得了从长春到大连的南满铁路以及周边区域的管辖权。欲望无止，为了能获取更多的利益，日本开始扶持军阀张作霖，期望通过控制张作霖达到逐步占有中国东北的目的。于是有人比喻说日本人把张作霖当作奶牛，在他口渴时给他一瓢水，期望他在关键时候还给日本人十瓢牛奶。

小池圣一　日本广岛大学教授

关东军在日俄战争之后一直支持张作霖，意在支持张作霖军阀的统治。

草莽出身的张作霖，虽然没有读过什么书，但他深知日本希望借助他霸占东北的强烈企图。随着中国国内反日情绪不断高涨，张作霖逐渐收敛了和日本的暧昧关系，对日本的扩张要求总是婉转地予以拒绝，另外他还运用请美国修建大通、沈海铁路以及葫芦岛港口，阻止日本修路、开矿、设厂、移民以及修筑军港等平衡手段，牵制日本的扩张阴谋。

第四集 | 暗夜来临

张作霖

笠原十九司　日本都留文科大学教授

（张作霖）考虑以自己的力量、中国人的力量来谋求东北的发展，推进东北的经济发展、军事发展、文化发展、教育发展。随着这些的推进，日本关东军与满铁在东北越来越没有影响力。

日本人开始意识到虽然喂肥了一头奶牛，却挤不出牛奶，于是，除掉张作霖的想法在日本军队中逐渐萌生。

纵观日本近代史，可以看到军队成为日本军国主义赖以生存和发展主体的关键作用。而之所以出现如此局面，又归结于日本明治维新中确立的"两权一制"体制：一是规定陆军参谋本部和海军军令部独立于政府之外，直属天皇统率。二是有关军队事项，军令长官可以直接上奏天皇，由天皇发号施令。三是规定日本内阁陆、海军大臣及总务长官由军人担任。这就意味着，在近代日本，军队可以左右国家全局，逐渐形成名副其实的军国主义体制。而这一切，都极大加强和巩固了近代日本走法西斯道路的基础。

在日本军部势力的影响下，东宫铁男等日本军人迫切意识到，只有尽快除掉张作霖，找一个更听话的傀儡来代替他，才能使日本在中国东北的权益得到更好地维持和扩大。日军奉天独立守备队队长东宫铁男的这一想法，与他的上级河本大作一拍即合。

日本　群马县前桥市

同期

记者：河本大作和东宫铁男之间往来的书信多吗？

东宫：有一些。这封信就足以说明他们之间的全部关系。

记者：两人的关系怎么样？

东宫：看过这封信就能明白了。

在东宫惇允保存的有关东宫铁男的历史资料中，我们找到了一封河本大作写给东宫铁男的亲笔信。

同期

记者：信里面写了些什么呀？

东宫：虽然书信内容简单，可以看出河本大作和东宫铁男之间，河本大作的职位比较高。就是上下级的关系。虽然没有明确写出是什么事件，但双方都心照不宣。

河本大作，时任日本关东军高级参谋，东宫铁男要执行的绝密行动，就是在他的授意下精心部署的。从中国返回日本后，东宫铁男仍会向家人讲述当时的情景。

河本大作

东宫悖允　日本侵华军人东宫铁男后裔

说有一天他在铁路附近发现了可疑人物。他大声盘问，走近一看才知道是河本大作参谋。他就问河本大作："您在这里做什么？"然后，河本大作就表示想教训一下张作霖，因为他不听日本人的话。

趁张作霖乘坐火车从北平返回东北奉天时，炸死张作霖，随后在内部混乱之际，日本关东军以防止混乱和保护侨民为名向东北各地出兵，一举占领中国东北。这便是日本关东军的战争阴谋。

东宫铁男日记

5月17日，不知张作霖何时返回奉天，非常紧张不安。

东宫铁男的日记显示，谋杀张作霖的计划开始步入实施阶段，日军在紧张地等待着张作霖从北平回到东北的那一刻。

然而，让河本大作和东宫铁男没有想到的是，他们所做的事情，即将引起日本政界翻天覆地的动荡，甚至彻底打乱了日本政府的侵华阴谋。那么日本的侵华算盘又是怎么打算的呢？

日本　外务省

这里是东京霞关区日本外务省所在地。1927年6月27日至7月7日，也就是在关东军高级参谋河本大作密谋杀死张作霖的前一年，在这条街道上的首相官邸里，刚刚担任日本首相的军人政治家田中义一主持召开了一次与中国有关的重要会议，这就是历史上著名的"东方会议"。

笠原十九司　日本都留文科大学教授

东方会议就是制定被称为"日本大陆政策"（的相关内容），讨

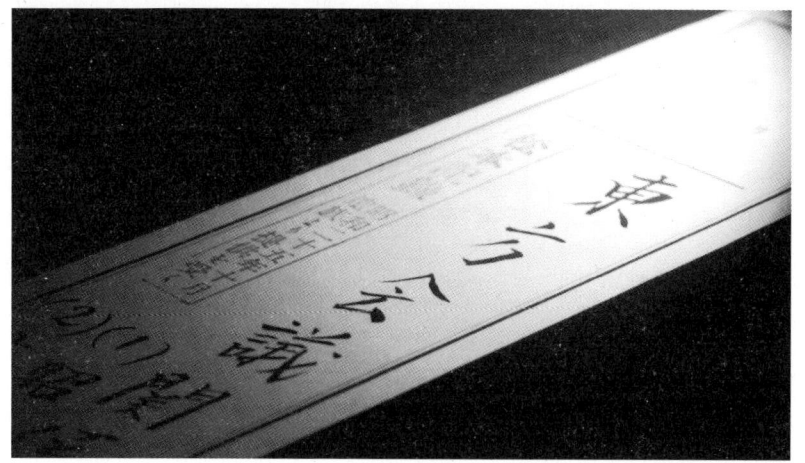

东方会议记录

论怎样在全体大陆扩张日本的权利,导致的结果就是我们刚才一直在说的日本快速地进一步扩大侵略战争。

在日本外务省外交史料馆里,我们找到了当年东方会议的详细记录,会议记录上多次提到了张作霖。

东方会议会议概要

大正十五年(1926)4月,对张作霖的警告内容,与曾向支那提出种种要求的"二十一条"有相似之处。

日本与东北王张作霖关系的处理问题,在东方会议的第二天就被提上了日程。刚刚担任日本首相兼外务大臣的田中义一之所以如此重视张作霖,是有着深层而长远的谋划。

在1914年开始的第一次世界大战中，日本趁西方列强陷入一片混战无暇顾及中国的空当，在远离大战主战场的中国大肆掠夺权益，威胁到了欧美等国的在华利益，日本"趁火打劫"抢地盘的行为也遭到了西方的厌恶。为了打破在国际上的被动局面，日本被迫做出让步，采用了外相币原喜重郎所提倡的日本与英美等西方列强相协调的外交路线。日本的扩张政策受到了极大约束。这一时期的日本犹如困兽一样寂寞难耐。

姜克实　日本冈山大学教授

欲望渐渐地膨胀，它不可能刚开始就想去把中国都占领，当时它只想的是朝鲜，但之后朝鲜一拿到手，过了这条河（鸭绿江），中国还有一个满洲（中国东北），就开始想到这一步了。也就是说军部它有这种战略构想，但是国家呢，它又不是一个人决定的。就像币原外交，它就牵制日本不能去独占中国。所以它这种侵略意图并不是说很顺利地发展。

第一次世界大战结束后几年，日本国内经济出现了持续性滑坡，日本国民开始对政府的内政措施以及"软弱"外交路线发泄不满。

姜克实　日本冈山大学教授

就是这1920-1930年之间，它没有过反弹，没有过经济反弹，一直是在不景气，不景气的时候，独裁者就容易出现。这个时候一系列战争的、革新的、革命的危险、危机、向往，就在这十年当中产生的，可以说是1930年代的前奏曲。

小池圣一　日本广岛大学教授

1926-1927年间，经济上发生了金融危机，经济从"一战"时的景气陷入低迷。因此政府面临的主要问题是经济问题，由于国家有破产的危机。

日本从"一战"后被西方列强压制的扩张欲望，再次随着自身的困境而爆发。上一代人通过战争而获取利益的基因，再次因为国家危机而被唤醒。军人出身的田中义一首相终于被推上历史舞台，日本从明治维新时期就奠定的"先占领台湾、朝鲜，之后是满蒙，扩大到全中国和亚洲、继而称霸世界"的军国主义侵略总方针再次被强化。

笠原十九司　日本都留文科大学教授

在当时的日本人的想法中，东北原本并不是中国的土地，而是满族人的国土。对于资源匮乏的狭小岛国日本来说，要想发展，最好的（方法）就是占领东北和内蒙古，即满蒙。这其实是日本在当时的历史下的自以为是。

冲松信夫　原日军侵华老兵

（日本）像是认定了领土大是一件好事一样。必须要成为大国的这种大国主义。

而与此同时，中国的政局也在发生着翻天覆地的变化。1926-1927年，中国人民在中国共产党和国民党的共同组织下，进行了反对帝国主义和北洋军阀的革命战争，主张收回各国在中国的租借地等利益。而日本和西方列强知道，一旦中国完成国家统一，国力一定会得到极大增强，因而，阻止中国统一，成了日本军部势力的当务之急。

户部良一　日本国际文化研究中心研究员

日本担心在华权益会受到影响，所以十分警戒。后来日本发现，北伐势力中分为以蒋介石为首的抢夺胜利果实派和以共产党为首的革命派。

日本首相田中义一考虑除了必要时使用武力占领中国东北之外，需要尽快扶植一个亲日政权，以此保证日本在东北的租界和特殊利益更为稳妥。而这个亲日政权的人选就落在了奉系军阀张作霖身上。

虽说日本人通过各种手段喂肥了张作霖这头大奶牛，但张作霖却坚定地认为什么都可以妥协，但脚下的中国土地却不愿完全放弃。

笠原十九司　日本都留文科大学教授
张作霖也是一个很厉害、狡猾的人物，并非一个完全的傀儡。因此，最后对于关东军来说，他会成为一个障碍，他并非完全听话的人。

姜克实　日本冈山大学教授
张作霖利用日本，他也不愿意把所有东西就像卖国一样都给日本，他不是那么一个人。他们军阀斗争嘛，利用日本的国家的势力，日本的军部的势力，来壮大自己在军阀混战之间自己的实力，就是相互利用的关系，就是说有利益我才给你，没有利益的话，我不会给你权益的。日本人发现权益受了北伐的威胁之后，他就怕张作霖越来越接近于南方，接近于蒋介石，这对他产生危机感，不听他话了。怎么办？干掉他。

眼见挤不出牛奶，日本人逐渐失去了耐心，但日本首相田中义一依然认为，根据十多年以来日本对张作霖的扶植来看，还是要尽量将其拉拢。

户部良一　日本国际文化研究中心研究员

一部分日本人觉得张作霖不仅不知恩图报，甚至恩将仇报。张作霖已经没有利用价值了，不能指望了。田中作为个人曾帮助过张作霖。他想一直和张作霖合作下去，也有个人的因素。

小池圣一　日本广岛大学教授

日本为了保证自己的利益，认为最好的办法是稳住张作霖。就是说当时也存在一种想法，日本今后扶植伪满洲政权时，可以利用张作霖进行统治。

这是东方会议的另一份概要，长长的会议记录里面，日本人拟定的这些密密麻麻的铁路协议，就像一把无形的黑手死死攥住了中国东北的命脉。田中义一主张更多地在中国东北修筑铁路，以加速对东北资源的掠夺，而一旦这些铁路修筑协议被签署，那么就意味着东北的经济命脉将被日本牢牢掌控。

田総領事、関係各省、満鉄当事者等ト協議ノ上作成セル試案ナル旨ヲ前置シタル上本件試案ニ付敷衍説明ノ次第アリ二三質疑応答ノ後散会ス

尚右会議ニ於ケル質疑応答中主ナルモノ左ノ通リ

(1)大正十五年四月対張警告ニ関シ森委員ヨリ右警告ハ支那側ニ対シ種々ノ要求ヲ提出シ其ノ一併解決ヲ迫レル点ニ於テ往年ノ二十一ケ条要求ト類似スル所ナキヤトノ質問アリ

右ニ対シ出淵、吉田、木村委員ヨリ大要左ノ通リ説明アリタリ

(イ)本件警告ハ張自身ノ為東三省ノ保境安民産業開発諸政整理ノ頗ル必要ナルコトヲ友好的ニ忠告シ若シ張ニ於テ右忠告ヲ容レ産業開発諸政整理等ニ付日本側ノ助力ヲ希望スルニ於テハ我方亦之ニ好意的考慮ヲ加フルニ吝ナラストノ趣旨ニテ為シタルモノニテ我方ヨリ諸種ノ要求ヲ併列シ其受諾方ヲ迫リタルモノニ非サルヲ以テ二十一ケ条要求トハ根本ニ於テ其趣旨ヲ異ニス又

(ロ)現ニ張作霖ハ前記我方警告ノ趣旨ヲ諒解シ其後張作

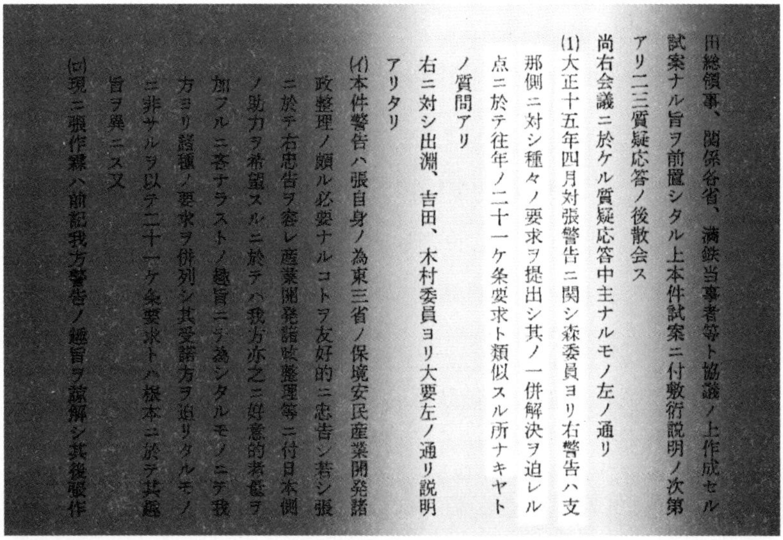

东方会议有关张作霖的记录

小林英夫　日本早稻田大学教授

从结论上看，田中内阁的大陆政策基本就是通过满铁掠夺和占有。从这个角度来看，通过和张作霖达成所谓的"满蒙五条铁路"的修筑谅解，扩大日本的东北的铁路利权，来实现对中国东北的独占。

在日本政府的一再逼迫下，张作霖就新修铁路方面的问题向日本政府做出了部分让步，准备签署协议。然而，就在日本政府对中国东北的占领政策，按照田中义一《对华政策纲领》及"田中奏折"确立的对外发动侵略的总纲领稳步推进的时候，一件出乎他们意料的事情发生了。

中国　沈阳

这里是沈阳市皇姑区，随着城市的飞速发展，这里已高楼云起，而在80多年前，这里还是人迹罕至的奉天郊区，两条重要的铁路线在此相交叉，通过一座不大的三洞桥上下分隔，下面是北平到奉天的京奉铁路，而上面就是日本人把控的南满铁路。

时间倒回到1928年6月4日的夜晚，日本关东军奉天独立守备队队长东宫铁男紧张不安地守在距离三洞桥不远的一个瞭望台上，他手里的起爆装置通过一条黑色的电线连接到远处的铁桥下面。

与此同时，张作霖乘坐的火车就行驶在从北平到奉天的铁路上。

令人疑惑的是，既然日本政府与张作霖的合作方案已经在缓慢推进，日本的利益已经有了扩张的余地，那么，关东军高级参谋河本大作和日军奉天独立守备队队长东宫铁男为什么又要密谋炸死张作霖呢？

原来，在远离日本本土的关东军看来，张作霖的态度傲慢，在签署协议方面推推搡搡，并不符合他们的长期利益，唯有动用武力杀死

第四集 | 暗夜来临

旅顺关东军司令部旧址

京奉铁路与南满铁路交叉处

他，才能真正保障日本在中国东北利益的迅速发展。于是，在关东军司令村冈长太郎的默许下，河本大作决定率先实施比日本政府更加激进的侵略行为。而之所以出现这样的局面，与近代日本天皇制下军队的组织结构有着密不可分的关系，由于天皇是日本军队的最高统帅，又赋予了军队高层凌驾于政府之上直接上奏天皇的权力，造成了政府不能控制军队，军队却可以左右政府，直接导致日本军队"牵着政府的鼻子走"。因而，这种社会结构下的军人，便成为实际上的政府代言人。

此时，父辈们在日俄战争时期为日本帝国的领土扩张洒血中国东北疆场的行为，早已成了日本年轻军人们内心的榜样，急切的功名心和为日本争夺利益的所谓"爱国"心理，正在快速培育一大批日本法西斯的成长，而这批法西斯军人，后来成为发动对外扩张侵略的急先锋。

皇姑屯事件发生地

皇姑屯事件发生地

中国　沈阳

皇姑屯，现在已经和迅速发展的沈阳城融为一体，城市的发展早已使得这里改变了面貌，只有一个小小的指示牌还提示着我们这里曾经发生过怎样的事情。

1928年6月4日凌晨5点30分，张作霖乘坐的专列行驶至奉天西北、皇姑屯车站以东南满路与京奉路交叉处的三洞桥，这里距离张作霖控制的奉天北站只有1公里，眼看就要到家了。此时此刻，早已等候在瞭望台上的日军大尉东宫铁男果断按下了手中的起爆按钮。

随着一声巨响，预先埋设在三洞桥下的烈性炸药，将张作霖乘坐的专车炸毁，张作霖被炸弹气浪抛出10米远，咽喉破裂。刺杀张作霖的"皇姑屯事件"瞬间发生了。

令人遗憾的是，亲手炸死张作霖的日军大尉东宫铁男的日记中，正好缺失了这天的日记。今天的我们已经无法了解到事发当时东宫铁男的具体情况。

东宫惇允　日本侵华军人东宫铁男后裔

我有从叔母那里听说，因为最近会做有关战争犯罪的调查，所以特别是与张作霖相关的资料要全部烧毁。与此同时大家最感兴趣的是有没有当天的日记。因为有军方的检阅，所以与之（爆杀事件）相关的部分完全不能公布。

东宫惇允向我们展示了东宫家的家族相册，翻阅这些古旧泛黄的照片，东宫铁男的成长轨迹也逐渐清晰。而在这些家族相册其中一本的最末页，皇姑屯张作霖爆杀事件现场的照片赫然入目。

日本　东京

经过特别申请，中国摄制组在日本国立国会图书馆对1928年的新闻报纸原件进行了查阅和拍摄。在这份《朝日新闻》1928年6月5日的号外刊里，充斥着皇姑屯爆炸现场的图片。我们可以看到张作霖列车爆炸后很短时间内发生的状况，在照片中，被炸列车的黑烟还没有散尽，而关东军部署在现场的刺刀队却已经蓄势待发，随时准备进行补充暗杀行动。

火车被炸后，张作霖身受重伤，被人急救回大帅府，于当日上午10时不治身亡，终年53岁。然而，让关东军高级参谋河本大作未曾想到的是，这场精心策划的皇姑屯事件，并没有达到预期目的。

笠原十九司　日本都留文科大学教授

虽然杀了（张作霖），但那并不是成功。他们想把张作霖杀死后就以此为契机，阻止中国的北伐军。他们意欲采取军事行动，但却未能实施，那是因为张作霖在炸弹爆炸中受了重伤，服侍在其左右的人隐藏了张作霖的死亡。

《朝日新闻》对张作霖爆杀事件的报道

大帅府

在张作霖死后的这一周里,大帅府依然灯火辉煌、烟霞阵阵。医官每日仍按时到大帅府,填写病案,做出诊治的假象。直至张学良从北平潜回沈阳,稳定了东北政局,才于21日公布张作霖的死讯。

日本关东军期望炸死张作霖引发东北骚乱的阴谋没有得逞,想要以此为借口武力占领中国东北的计划只好暂时破产。

更加令日本关东军没有料到的是,他们刺杀张作霖的行动不仅没有达到日本侵占中国东北的目的,反而毁掉了首相田中义一稳步鲸吞东北继而蚕食全中国的计划。

大帅府

  1928年6月5日，在张作霖被炸死的第二天，日本《朝日新闻》报纸大篇幅发表张作霖被炸的"皇姑屯事件"的新闻，在日本引起了巨大震动。

  首相田中义一希望扶植军阀张作霖作为亲日傀儡逐步控制东北的计划，彻底搁浅。他认为张作霖的死亡，无疑会逼迫整个东北反日力量迅速增大，日本此时除了武力强占中国东北之外，已无路可走。

《朝日新闻》对张作霖爆杀事件的报道

户部良一　日本国际文化研究中心研究员

（张作霖爆杀事件）对田中义一当然是一种打击。因为这种结果和自己的方针不一样。被自己的"娘家"陆军倒打一耙，肯定是一种打击。

而日本关东军一意孤行，置政府决策于不顾的行为，再次证明了日本政府对军队控制的失败。尽管日本政府与军队势力对华侵略步骤略有差异，但对华侵略总纲领一以贯之，随着军部势力的做大做强以及侵略的推进，日本逐步完成了整个国家的法西斯化。而作为整个日本军队最高统帅的天皇，眼见军队势力铤而走险刺杀中国政要，不仅未采取任何阻止行为，反而纵容、支持甚至嘉奖犯罪者，成为所有对华侵略行为的最终决策者。

笠原十九司　日本都留文科大学教授

天皇陛下是日本的象征，总是高高在上。天皇必须悠然从容不能当面发火。然后天皇变得完全不再谴责军部的独断行为了，只是一味地沉默，若是策略实施得比较顺利，就会夸奖他们做得很好。从这个方面来说，可以说天皇是在事后完全认可了日本军部的侵略政策，甚至予以褒奖。

在昭和天皇认可国家对外扩张政策的情况下，日本在对外发动大规模战争的道路上越走越快。

在离开日本前桥市的前一天，东宫惇允带我们到东宫家的老宅院拍摄。房子已经废弃了多年，屋内昏暗杂乱，布满灰尘。1937年七七事变后，升任中佐大队长的东宫铁男在中国华东战场被中国军队击毙，终年45岁。东宫铁男死后遗骨被运送回日本，安葬在家族墓地中。从当年的照片可以看出，参加东宫铁男葬礼的人排成了长队。在中国实施谋杀事件的人，在日本却被民众奉为英雄。

东宫铁男墓碑

而"皇姑屯事件"之后,事件主要策划者关东军高级参谋河本大作只受到了革职的处分。退役后的河本大作先是在日本满铁任职,1949年被共产党军队抓获,1953年8月25日病死,期间写下了《我杀死了张作霖》的回忆文章。

两个谋杀当时的中国军阀头目的人,没有受到任何法律制裁,这也给关东军发动九一八事变留下了一个榜样。

绞缬厚　日本山口大学副校长

应该要被处以刑罚的行为,这么一来,很多军人认为,那时候就算做点违规的事,但是从长远角度来看,可以对国家、对天皇有益,那也就没关系了。这是典型的造成军人的失控、独断专行的开端。可是说是宣告九一八事变开始的前奏。

笠原十九司　日本都留文科大学教授

如果当时的报纸能够报道真正的事实,就不会有接下来的九一八事变了。三年后,在九一八事变中,关东军周密地策划了阴谋,并迅速采取了行动,这次他们算是成功了。

被革职的关东军高级参谋河本大作并不甘心在中国东北的暂时失败,但让他欣慰的是,另一个青年时代就被陆军大学校友称之为"精神病患者"的人物来到了关东军,他就是发动九一八事变的主谋者之一石原莞尔。这位以日本陆军大学第二名成绩毕业的所谓日本军队"精英",带着自己实现"最终战争"的"理想",踏着前人的路,率先在东方点燃了法西斯侵略战火,并最终见证日本帝国的毁灭。

第五集 不归之路

　　1931年9月18日深夜的一声炸响，战火缭乱中华，由此吹响了华夏儿女血肉凝聚的冲锋号，开启了东瀛百年阴谋破碎的倒计时。《军事纪实》团队从日本挖掘到了大量鲜为人知的史料和历史细节，包括远赴美国、欧洲等地，从全球档案库和世界顶级历史学家那里寻找蛛丝马迹，力求从全球视野和人类的战争观，为观众深度剖析日本军国主义的原罪。

第五集 | 不归之路

日本宗教人士在国会门口静坐抗议,反对修宪

日本　东京

同期

强烈反对安保法案

抵制战争维护宪法

立刻废案

摄制组采访日本国会前静坐抗议的宗教人士

日本民众手持反对修宪的标语牌，在国会门口静坐

日本民众组织大规模抗议，反对修宪

2015年7月，正值日本本州岛梅雨季节，位于东京都千代田区永田町的国会大楼前，几乎每天都有静坐抗议的民众，同一个诉求让克己隐忍的日本人跨越身份与地域聚集于此。

民众一
为了反对战争法案。

民众二
正是这种强烈的意愿，才使得大家聚集在一起，即便是在这样的雨天也都纷纷赶来参加抗议活动。

民众三

现在他们（内阁）正想修改《和平宪法》的第九条，这是不对的啊。所以我们才聚集在一起，无论是佛教，还是基督教。

参加抗议的日本民众，目的是反对安倍内阁对日本现行的《和平宪法》中第二章第九条"永久放弃国家主权发动战争"这一条目进行修改。

村山富市　日本前首相

日本的《和平宪法》规定"不可战争"，所以日本这个国家不参加战争，一直和平地发展到了现在。但是安倍内阁修改了对宪法的解释，允许战争，这是不可原谅的。

对于今天的日本人来说，《和平宪法》为日本带来了70年的和平，因此它成为大部分日本民众心目中的国家原则。如今，亲历过法

摄制组采访日本前首相村山富市

西斯日本发动侵略战争时期的日本人越来越少，然而岁月走过70个春秋，那场旷日持久的侵略战争依旧让现在的大多数日本人不顾一切地呼吁和平，侵略战争带来的伤痛可见一斑。然而，面对执迷不悟的日本右翼势力，我们应该再一次细微地呈现那场侵略战争的源头，或许，这有助于今天的人们了解当年的法西斯日本到底走过了一条怎样的狂妄与毁灭之路。

时间倒回到84年前，1931年9月18日夜，时针指向10时20分，中国沈阳北郊柳条湖南满铁路上，传出一声巨响，一段铁轨被炸断。10分钟后，日本关东军开始炮轰中国东北军驻地北大营。震惊世界的九一八事变爆发了。

笠原十九司　日本都留文科大学教授

从那以后，日本在14年间持续侵略中国。九一八事变是这14年战争的最初的事件，影响非常大。

姜克实　日本冈山大学教授

对"满洲"事变（九一八事变）我觉得最重要的一个就是应该让所有日本人和中国人都认识到这是一个15（14）年战争的一个起点，这是一个非常重要的。

那么，日本关东军在什么样的背景下实施了震惊世界的九一八事变呢？

日本　山形县鹤冈市乡土资料馆

从日本东京出发，中国摄制组一路向北，希望通过对九一八事变主要策划者石原莞尔的探寻，深究历史转折点背后的蛛丝马迹。

靖国神社前的指引牌

日本山形县鹤冈市,这里是九一八事变主谋石原莞尔的家乡。石原莞尔,时任日本关东军作战参谋,九一八事变正是在他和关东军高级参谋板垣征四郎、沈阳特务机关长土肥原贤二的一手策划下付诸实施的。

在鹤冈市乡土资料馆里,保留着石原莞尔在九一八事变前后所写的日记原件。

或许是担任作战参谋的原因,石原莞尔的日记看起来更像是一本便签,大都是一些随手记下的所思所想。然而,每日的寥寥几笔,却依然能让我们在84年后翻阅它时,感受到这位亲手炮制了九一八事变的日本侵略者,曾怀揣着怎样纠结的心绪。

石原莞尔日记

9月15日已经得到了建川来的飞电,会议一直开到早晨三点。

第五集 | 不归之路

摄制组在靖国神社院内拍摄

中国　沈阳

这座位于沈阳中山广场一侧的日式建筑已经有近百年的历史，如今仍然作为辽宁宾馆对外营业。在它的名字还是大和旅馆的时候，曾经是满铁附属地及周边最高的建筑，也是当时沈阳最大最豪华的宾馆，只有少佐以上的日本军官才有资格进入。

然而，就是这座装修典雅的建筑，却在九一八事变之前，充当着日本关东军激进分子的聚会场所。

辽宁宾馆的第三餐厅如今被当地市民作为商务宴请使用，而在1931年9月，它却是日本关东军几位高级军官出入最频繁的密谋场所。

辽宁沈阳中山广场的航拍

"九一八"历史博物馆的延时拍摄

在九一八事变爆发前3天的1931年9月15日,策划发动侵华阴谋的几位关东军高级军官正是在这间房间里开会到凌晨3点,却依然无法拿出最终的决定。最后,石原莞尔决定通过用筷子占卜的方式来决定他们几个人甚至中日两国今后的命运。最终,筷子倒向了右侧,按照约定的占卜规则,他们精心策划的九一八事变就此中止。

石原莞尔日记
9月15日计划中止。

阿部博行　石原莞尔研究学者
石原制订了计划。他也有胆怯的时候,并不是一直强硬坚定地领导一切。

那么,本来决定中止的事变,为什么又在1931年9月18日爆发了呢?我们在石原莞尔的日记中反复翻阅,并没有获得更多的信息。但在9月18日的日记中,我们看到了这样一句话。

石原莞尔日记

9月18日开始并不顺利。

1931年9月18日正是九一八事变爆发当天,而石原莞尔所说的"不顺利"指的又是什么呢?

日本 埼玉县

在位于日本关东地区的埼玉县入间市办理酒店入住手续时,中国摄制组从前台服务员手中接过一封信。寄信的人名叫远藤十九子,是远藤三郎的孙女。

远藤三郎,官至日本陆军航空兵中将,在1931年九一八事变发生几天后,日本政府责令日本军部派调查员到中国东北调查九一八事变,而远藤三郎正是调查员之一。如今,远藤三郎早已离世,但他的日记十分详尽地记载了当年他在中国东北所了解到的一切。

日本埼玉县街景

几经辗转，我们联系上了他的孙女远藤十九子，老人已经不愿再接受采访，却还是热情地邮寄了一封拍摄许可函，以便中国摄制组在狭山市立博物馆能够拍摄到远藤三郎的日记。

在狭山市立博物馆，我们看到了这本特殊的调查日记。尽管纸张已经泛黄，却不难看出，它曾经的主人对于九一八这样的惊天阴谋不敢丝毫怠慢，对调查情况进行了一丝不苟的记录，重点都用红笔做了标记，大量的照片上也都做了规整的注解。或许这本特殊的日记可以为我们呈现九一八事变背后那些不为人知的细节。

远藤三郎日记

9月28日，（周一），阴。我们被带到一间煞风景的无人客厅，既没人来奉茶，也无其他消息。过了一会儿，石原莞尔中佐进来了。他一言不发，突兀地向我们敬了礼就离开了。

狭山市立博物馆的工作人员给摄制组展示远藤三郎1931年的日记

总导演周启立翻阅远藤三郎日记

在1931年九一八事变爆发后的第十天,远藤三郎在日本驻中国东北关东军司令部里见到了石原莞尔。但石原莞尔冷漠的态度,让远藤三郎隐约感到不安。

按照关东军的说法,1931年9月18日当晚,由于中国军队破坏了日本南满铁路柳条湖段,所以负责守护铁路的日本关东军才执行守备职责予以自卫反击,后因和中国军队发生激战,关东军才炮轰中国军队驻地北大营,事态逐步升级。

辽宁　沈阳

今天的沈阳市柳条街一带,还有这样的3栋青砖房,它们是北大营仅存的遗址。历经风雨蚕食,将近一半的墙体已经损坏,居住其中的百姓用红砖简单做了修补。只有这块挂在墙上的牌匾,诉说着这3栋青砖房曾经不同寻常的意义。80多年前,这里是九一八事变最初的事发地。

远藤三郎也曾被关东军带到北大营进行考察。因此,他的日记中详细地记载着这一切。

第五集 | 不归之路

记者查阅远藤三郎日记

远藤三郎日记中的照片

远藤三郎日记

9月30日，（周三），晴。在北大营里，兵舍被破坏烧毁，被野狗、野鸟啃食的尸体四处散乱，惨不忍睹，我们希望能够得到尽快的处理。据我们亲眼看到的柳条沟（柳条湖）铁路的破坏情况，作为这次事件的开端实在是微不足道。

远藤三郎逐渐意识到，一个小小的铁路破坏事件，竟然引发日本关东军大动干戈地攻击中国军队，这一切并不像关东军描述的那样简单，背后一定另有阴谋。

19世纪下半叶起，随着近代日本军国主义逐步的形成和发展，开始确立以侵略中国和朝鲜为主要目标的大陆政策。经过甲午战争和日俄战争，日本法西斯势力逐步成熟，日本提出了先占满蒙，后取全中国，进而称霸世界的总构想。在这种环境下成长起来的日本陆军军人石原莞尔，逐步形成了自己的战争目标。在他的战争目标中，最核心的就是能够占有中国东北，以此作为日本今后称霸世界的能源基地。

为了实现他的侵略构想，1928年10月，石原莞尔来到中国东北的日本关东军就职。而这一时期，正是日本关东军急需把占领东北付诸实施的关键时刻。

就在石原莞尔来到中国任职之前4个月，1928年6月，在沈阳皇姑屯车站，日本关东军炸死了时任北洋政府陆海军大元帅的张作霖。

笠原十九司　日本都留文科大学教授

虽然杀了（张作霖），但那并不是成功。他们想（把张作霖）杀死后，关东军就以此为契机，阻止中国的北伐军"即国民党（统一中国）。他们意欲采取军事行动，但却未能实施军事行动。

虽然企图以刺杀张作霖为事端占领中国东北的阴谋失败，然而策划实施"皇姑屯事件"的日本关东军军人，事后并未因谋划刺杀行动而受到日本军部处罚，这无形中给了日本关东军"只要能够达成侵略中国的目标，可以为所欲为"的暗示。

户部良一　日本国际文化研究中心研究员

当时日本政府明明知道是日本军人炸死了张作霖，却没有处罚他们。所以就误导了关东军，以为只要与国家目标相关，与国家利益相关，就可以为所欲为。即使违反法律，违反国际法，或者违背道义良心，只要结果是好的，就可以肆意而为。

熟悉日本历史的人都知道，近代日本在明治维新过程中，逐步确立了军队直属于天皇，内阁无权过问，以及遭遇军令事项时，军令长官可直接上奏天皇，由天皇进行决断，同时军人还在内阁占据陆军、海军及总务长官要职，这就意味着，当时的日本军人已经全面介入国家外交、内政等领域，成为名副其实的军国主义。在这样的体系中，由于受到天皇的纵容，日本军人天然养成了只要军队想干的事情，就是体现日本国家意志的思想，加之日本不断强化对外侵略思想，这就使得日本军人从上到下都充斥着对外侵略扩张的恶念。

由于暗杀张作霖未能实现发动侵略的野心，关东军决定另找时机，一定要实现彻底占有中国东北的野心。

小池圣一　日本广岛大学教授

这种做法是出于将东北地区从中国分离出来这种想法的。只分离也没有意义，分离之后将其变为日本的领土。我想石原是怀着这样的意识赴任关东的。

石原莞尔赴任关东军后，中国东北局势发展的方向，是日本政府和关东军都不愿意看到的。

1928年12月，接替张作霖统领东北军政大权的张学良改旗易帜，服从南京国民政府。与此同时，张学良还建设了几条新的铁路，直接连接中国东北地区和北京。这也使得日本在中国东北最大的利益机构——南满铁路疯狂攫取中国利益的行为受到影响。

户部良一　日本国际文化研究中心研究员

所以满铁受了亏损，经营越来越不好，最终出现赤字，最为难的还是这些日本居留民。他们三番五次请求日本国内的支援，特别是1929年到1930年之间这种呼吁最为强烈。

完全占领中国东北，对于日本关东军来说，似乎越来越紧迫。而另一方面，日本本土的经济状况也不容乐观。20年代末，日本受到世界经济危机的冲击加重，粮食歉收，农民大量逃亡，甚至全家自杀，卖儿女的事情不断发生。为转移国内矛盾，在日本政府引导下，越来越多的日本民众把目光投向了中国东北。

绞缬厚　日本山口大学副校长

在民间也有为了从痛苦的生活中解放出来要去满蒙，去那里获得胜利，所以日本国内，在很贫穷的农村，成立了"满蒙开拓团"、"满蒙青少年开拓团"这样的组织。

在这本石原莞尔交给远藤三郎的《满洲事变》中,他详细写出了自己对于中国东北的看法:"满蒙的农产品足以解决我国国民的粮食问题。鞍山的铁矿、抚顺的煤矿等矿产资源足以支撑目前我国重工业的发展基础。"

记者翻阅石原莞尔著作

石原莞尔认为，日本国内的危机形势和需求已经到了必须尽快占领中国东北的程度。同时，虽然关东军作为一支守护铁路利益的军队，武器配备相对落后，而且军队人数也只是张学良东北军的十分之一，但此时中国国内的政局状况，正好可以弥补关东军突然发动攻击的不足。

阿部博行　石原莞尔研究学者

他们知道与"和日本战斗"相比，国民党军队优先"镇压共产党"，所以国民党军不会顽强抵抗。

1927年起，蒋介石背叛革命，发动反共内战。同时，蒋介石为削平各派军阀势力和排除政治异己，再次发动新一轮军阀混战。同一时间，西方主要国家陷入严重经济危机，无暇顾及日本独霸中国的企图。在这样的背景下，日本关东军认为占领东北时机到来。

然而，1931年9月18日当天，石原莞尔本想通过爆破一段柳条湖铁路引起与中国军队的交战，以此来挑起战端，但他没有想到，铁路爆炸后，并未发生中国军队反击的场景。

情急之下，日本关东军决定采取第二套方案，即在爆破铁轨附近布置一个假现场，反诬中国军队破坏铁路，他们将3具身穿东北军士兵制服的中国人尸体，摆放在现场，作为被击毙的爆破铁路的中国凶犯。

冲松信夫　原日军侵华老兵

因为中国做了残暴的事情，所以日本为了保护自己的利益不得不派兵，日本用的就是这样的借口。

十分钟后,早已磨刀霍霍的日本关东军,开始向驻扎着八千东北军的北大营猛烈攻击。由于受到当时的国民政府不抵抗政策的影响,驻扎东北三省的十几万重兵任人宰割。9月19日上午8时,日本关东军在几乎未受到任何抵抗的情况下,占领了沈阳全城,全国最大的沈阳兵工厂和制炮厂随即落入日军之手。

中国　沈阳

这片占地3.6万平方米的建筑群就是张作霖和张学良的官邸和私宅,历经百年风雨洗礼依旧雄伟壮观,而比起建筑之美,更有意义的或许是它对历史的见证。

1931年9月19日,日本关东军霸占了张氏帅府,这座他们三年前就垂涎三尺的府邸,终于被贪婪地收入日本军人囊中。

这座位于张氏帅府东院的二层砖木结构小楼,是张作霖为他最宠爱的五夫人寿氏专门修建的,因其采用青砖青瓦建筑而成,俗称小青楼。

张作霖和张学良的官邸和私宅

在日本军部派来中国调查九一八事变的远藤三郎的调查日记中，我们看到了一张在小青楼门口拍摄的照片。从照片中不难看出，贪婪的日本军人正在把张氏帅府中的值钱家当作为战利品搬走。对于现在的人来说，这张照片并不新鲜，而令人可笑的是，作为九一八事变调查员、理应为本国军人抢夺行为感到羞耻的远藤三郎却是这样为照片做标注的："人道的日军。根据张学良的愿望，日本士兵在张学良私宅为其打包行李，做好运送的准备。"

简单的一句标注，透露出的是侵略者颠倒黑白的无耻，更透露出日本政府和日本军部与日本关东军一脉相连的侵略本质。而日本的侵略脚步，从1931年9月18日开始，更是再也没有停歇下来。

日本　东京

在日本靖国神社的游就馆，馆内八号展厅展示的是日俄战争和九一八事变的内容，其中有一块展板专门用来介绍伪"满洲国"的建设，内容包括了当时日本人设计的伪"满洲国"国旗、国歌、城市规划等内容。

1932年3月1日，在日本的操纵下，伪"满洲国"在长春宣布成立。但所谓伪"满洲国"的国防和治安等重要政策，铁路、港口的管理权被全部移交给了日本。历经近一个世纪的垂涎三尺觊觎，日本终于完成了在版图上肢解中国的第一个重要步骤。

九一八事变让日本收获了巨大的利益，伪"满洲国"成立一个月后，石原莞尔顶着"凯旋将军"的美誉奉命回国，得到了裕仁天皇亲授的"金鸡勋章"。一时间，这位"满洲英雄"红遍日本列岛。而日本天皇这一系列领导、指挥军队对外扩张侵略的野蛮暴行，毋容置疑地夯实了天皇应为日本的侵略行径承担罪责的铁证。

靖国神社游就馆八号展厅内展品

笠原十九司　日本都留文科大学教授

对于关东军来说，虽然是无视中央政府以及中央军部的命令，擅自发起了行动，但是成功了，之后就反而获得了国民及经济界的支援。

小池圣一　日本广岛大学教授

九一八事变对日本陆军来说是成功的，在世界经济危机爆发，所有人都苦于经济不景气的时候，日本取得了军事上的成功，而且是非常划算的成功。

为了保住获得的中国东北的既得利益，日本政府甚至不顾国际上的谴责，于1933年3月退出了国际联盟。

日本军队以九一八事变为开端，彻底走上了军国主义扩张之路，开始了长达14年的侵华战争。日本在战争的泥沼中越陷越深，成为第二次世界大战的东方战争策源地。

1937年7月7日，日本挑起卢沟桥事变，开始发动全面侵华战争。

在亡国灭种的危机面前，全国人民集合在中国共产党倡导建立的以国共合作为基础的抗日民族统一战线旗帜下，地不分南北，人不分老幼，全国人民义无反顾投身到抗击日本侵略者的洪流之中。中国人民的反抗成为打败日本军国主义的最终决定性力量，中国抗战成为世界反法西斯战争的东方主战场。

1941年12月，日本偷袭美国珍珠港，太平洋战争爆发。一面是越烧越猛烈的战火，一面是苦难深重的日本民众，日本逐步陷入毁灭的边缘。

高桥哲郎　原日军侵华老兵
其实经过长期的战争，大家都有了厌战情绪，特别想回日本。这是日本士兵普遍的真实想法。

百年前，日本在明治维新斗士们的带领下立志要效法欧洲建立一个强大的帝国，但却在不知不觉间，在贪婪和战争的道路上越走越远。法西斯日本终于在1945年8月尝到了欲望无法抑制后的恶果。他们在一次次战争中获取的财富，最终在战争中，连同人民的生命，一同被摧毁。法西斯日本的本土，在美国原子弹的轰炸下陷入一片火海。

1945年8月8日，苏联对日宣战。9日零时，苏军从西、北、东三个方向同时对盘踞在中国东北的日本关东军发动致命打击。

苏联出兵的同一天,中共中央主席毛泽东发表《对日寇的最后一战》声明,要求中国人民的一切抗日力量应举行全国规模的反攻。

1945年8月15日,日本天皇宣布无条件投降。9月2日,正式签字投降。

1946年5月3日,清算日本侵略罪行的东京审判开始。大批战犯接受正义的审判。然而,战后美国出于国家利益需要,不顾中国和全世界人民反对,竭力庇护了大批战犯。其中,作为侵略战争最高统帅的日本裕仁天皇,没有受到任何追究。而这,给战后日本政治带来严重后果,造成日本政府拒绝对侵略战争进行诚心的反省和悔改,甚至在右倾化的道路上越走越远。

1947年,美国占领军为日本制定的《和平宪法》开始生效,规定日本放弃战争,天皇走下了神坛,法西斯日本时代宣告结束。

在战争中幸存下来的日本人,开始重新思考自己和国家今后的道路。

1945年日本投降签字仪式

摄制组在英国拍摄

高桥哲郎　原日军侵华老兵

我们的战友犯下很多罪行：掠夺、强奸、杀人，杀害了好几名无辜的中国人，我的战友把这些事实都记录了下来，写进审判的供述书，坦白自己所犯的罪行，这些书有十来本。这些都是侵华的证据。这是基于我们对这场战争的深刻反省，所以我们才道歉。

经历了战火纷飞的"二战"岁月，作为九一八事变的主要策划者，晚年的石原莞尔一直宣扬日本要放弃战争。

石原莞尔　九一八事变直接策划者

现在日本放弃了战争。我觉得我们一定要不计得失，据此来制定国家政策。我们日本就算被踩踏也没关系，我们一定要坚决放弃战争。

而当初调查九一八事变真相的日本军官远藤三郎,深刻感受到了战争对人类的伤害,也开始了和平运动。

每年的9月18日,中国东北沈阳,都要举行纪念仪式,九一八事变至今仍然深深地刻印在中国人民的心中,提醒着国人勿忘国耻。

村山富市　日本前首相
严肃反省战争,同时对之前的行为谢罪,今后要友好共处,才有了今天这样的中日关系。日本不能失去中国,中国也不能没有日本,我认为要建立这样的关系,是两国国民的需要。所以这是今后要努力推进的。

"九一八"策划者石原莞尔、板垣征四郎、土肥原贤二(从左至右)

"九一八"历史博物馆前雕塑

如今,九一八事变开启的战争硝烟早已散去,在中日两国,和平的力量一直在茁壮成长。但在和平的阳光下,日本少数人的军国主义思想也在悄然释放。

2015年9月19日凌晨,就在九一八纪念日第二天,日本安倍政权处心积虑推动的安保法案最终在在野党议员的怒吼和国会外抗议民众的哀鸣声中,获得了日本参议院全体会议表决通过。这意味着安保法案正式升级为法律,日本政府可以行使集体自卫权。为日本人民带来了70年和平的《和平宪法》自此名存实亡,而向往和平的日本民众很可能和70年前的先辈们一样,再次亲眼看着自己的孩子走向战场。

村山富市　日本前首相

这样的政策是断不能原谅的。这是国民的呼声。众议院强行通过安保法案,接下来日本国民要很坚决地阻止这样的法案发挥作用。

第五集 | 不归之路

"九一八"历史博物馆的航拍

位于东京银座前的许愿树,挂着"世界和平"的许愿牌

今天,我们回顾历史,并不是为了延续仇恨。战争是一面镜子,它清晰地映照昨天,同样也能让人们更好地认识今天。我们要清醒地看到,在日本这个曾经的战争策源地,军国主义的幽灵从未真正远去。因此,无论是善良的中国人还是全世界爱好和平的人们,都应该共同铭记历史所启示的伟大真理:正义必胜!和平必胜!人民必胜!